吃便當

人生解決不了的煩惱，
就一口一口吃掉吧！

鄭進耀——著

序言

用食物重返回不去的過去

約採訪的時候，我必備的開場白通常是：「我不是做美食報導……」吃便當這個欄目名字太容易引起誤會，因為常常採訪現場是這樣的：

男子在我面前，擺在桌上的是飯菜分隔整齊，連食材顏色都精心搭配過的便當。他說話有些結巴，說到關鍵處竟然慌張地捏著桌緣。他童年受虐，因為尿床，被家人罰喝尿；因小事犯錯，被強迫跑山路，跑到氣喘不過來，還以為自己就要死了。

我們總是以午餐為起點，人們在食物面前失去戒心，話語最後都往生命的傷口走去，每一趟話語的旅程都是驚心動魄。「吃便當」原是《鏡週刊》每週固定出刊的網路單元，這個單元的靈感來自一個很輕的開始——

幾年前，台灣書市流行日式便當食譜書，五顏六色、精雕細琢的飯菜。我好奇，能做出這樣的便當究竟是基於如何巨大的愛？還是某種精神偏執症狀的結果？

之後，又再讀到日本雜誌採訪各行業素人的午餐便當菜色，雲淡風輕地談論生活，配上日雜慣有的照片情調，像指甲輕輕刮過皮膚。做為一個人物記者，無法被「指甲輕刮而過」的感受所滿足，那些看似不值得一說的生活小事，常常影射人生無法向他人訴說的祕密。

這本《吃便當》沒有日式食譜書的精細菜色，也不走指甲輕刮的路數，比較像是直接在皮膚上捏出指痕與瘀青。它像是台式熱炒，各種滋味理直氣壯地彼此衝撞。

吃食是生活的一種氣味，一日三餐，早餐吃得匆匆，晚餐應酬、聚餐，吃食選擇受制於他人與環境，好像也只有午餐是最接近自我的一餐。難忘的菜、無聊的午餐都是折射一個人生命的樣貌，而圍繞著食物的周邊也充滿了故事。

另一個中午，喪夫的妻子坐在高雅的飯廳裡向我展示精緻而健康的午餐。我問，門口的貼紙是一句聖經裡的話，你是教徒嗎？她淺淺一笑，說丈夫去世後，教徒親友急著展示自己的關愛及神的力量，她不勝其擾，只能躲在門後假裝不在家。貼紙是不能撕的，否則親友便以為她的悲傷太巨大以致於背離了神，他們不在乎你的悲傷，只在乎你有沒有遠離他們的神。

我們拿著錄音筆與相機，登他人的廳堂，聽他們的心事，與其說是採訪，不如說是四處跟人吃飯聊天。我甚至認為，這個單元可能更像某種文字版的「生活實境秀」，借由某個事件的發生，讓受訪者產生反應。在吃便當的採訪對象中，有人在午餐前痛哭，有人在食物前笑著說荒唐的人生鳥事——食物一直只是媒介。

多年前，曾採訪一位知名廚師，他向我解釋一道甜點，極其用心且複雜地加入各種味道，企圖重現零食「士力架」巧克力棒的滋味。他認為，一般人吃到士力架會想到童年，他想借由這道甜食重現童年。我當時沒說出口的疑問：何必這麼麻煩？乾脆丟一條士力架給客人不就好了嗎？但又想到，這一餐數千元台幣的高級料理，拿一條士力架當甜點，應該會被貼到爆料公社公審吧？

多年後，我稍稍明白「食物做為一種再現媒介」的道理，我們必須透過儀式回到一個再也回不去的過去，而這個儀式必須是處心積慮地複雜化，才能重現那個失落的一刻。

書中的故事主角們有人廚藝驚人，午餐也可以做出滿滿一桌菜；有的只是路邊買的不起眼便當。他們沒有以複雜的儀式回到過去，卻在每個不經意的選擇與過去發生關係：歌仔戲知名小生午餐只喝牛奶，這是她演戲以來的習慣，怕吃多了跑廁所，擔誤大家的時間；當過組頭的媽媽，午餐是隔夜剩菜，對她來說省吃儉用已成習慣；癌症痊癒的年輕人吃的是油膩雞腿便當，因為生病時忌口，深感人生苦短，而吃對他來說是生活最幸福的事了……

然而，聽遍各種光怪陸離的故事，時常有自我懷疑的念頭：故事的目的到底是什麼？網路時代的人物報導，是不是跟Dcard和PTT八卦版的「發夢文」差不多？讀者也許根本不在乎真實，他們只需要故事，一個比一個還要驚悚細節的故事。打小孩不夠，逼小孩喝尿才是值得一讀的奇觀。

You are what you eat. 類似的道理：You are what you write.。我曾反省，是否自己人生價值觀偏差，相信人都是愚蠢的，人生的過程都是無意義的受苦，以致於寫出來的故事最終都一步一步踏入無光的所在。執行這個單元的後半期，我開始有意識地盡量避免奇觀式的題材（喝尿的情節最後沒有寫入報導），這類題材雖是點閱率的保證，但讀者的眼光和討論往往就只停留在人性的奇觀，而忽略了故事背後的道德掙扎與洞見。

在這本書裡，我私心選入了養鱉青年的故事，她沒有什麼特別起伏的人生，便當也說不上特色，故事放在其中非常不「典型」，但她回鄉養鱉的故事，卻是整個台灣養殖業的縮影。當我們高喊發大財，把外銷農產品寄望在一個市長之際，她的故事剛好映照此刻這個社會的荒謬。

對於採訪，我一直有個「自私」的目的，它是我理解這個世界的手段，它不只是追求奇觀，而是追問這些人為何會活成現在這個狀態，以及這個世界為何會變成現在這個樣貌。

雖然不過是兩年的時間，我在整理書稿時，發現有些說單身寂寞的人，現在有伴了；原本幸福兩人世界的，現在分手了；有人一步一步往理想前進；也有人背棄夢想，遠走他鄉了。我曾考慮是不是要增補現況，最後還是決定以原稿登出，並附上當時的出刊日期。

兩年那麼短，短到不足以實現什麼承諾，兩年也那麼長，長到足以讓報導標上時間，像博物館的標本展示。而這樣的時間，也足以跟八十六個不同的人聊天，寫下八十六篇的人物故事（其中數篇由文化組記者許越如負責撰稿）。感謝那些願意讓我們陪吃午餐的人，也感謝每週辛苦看稿的網路創意組副總編輯周家睿，以及促成這個網路單元出版成書的「鏡文學」總經理董成瑜與《鏡週刊》社長裴偉。

鄭進耀

目次

輯二 正宗便當

輯三　簡單吃

輯四　親手料理

上帝造這個世界只花了七天，你卻一輩子耗在七天的輪迴裡。
工作的日子這麼長，一週才剛開頭。

世界是個巨大的滾輪，而你是滾輪上奔跑的老鼠。
在辦公桌前裝忙了大半天，白天卻只過了一半。

於是，先想一下中午吃什麼，好讓日子比較不無聊。
還沒想到吃什麼，不如先看一下別人的便當。

我們在別人的便當裡，看見生活的模樣與他們對人生卑微的願望——
一如日復一日等待下班，掙扎要吃什麼午餐的你。

輯一——人如奇食

「告訴我你吃什麼，
我就知道你是怎麼樣的人。」
——**薩瓦蘭**（Brillat-Savarin）

賈宜秉的午餐從食材搭配到擺盤都很有特色。（攝影－林俊耀）

愛情無法治癒精神病

——「我以為有人愛我，我的病就會好……可是，我發現兩人關係裡，要嘛一起成長，要嘛彼此折磨，不會有一方治癒另一方這種事。」

也許是因為聊開了，四十歲的賈宜秉（化名）開始自稱是神經病，「神經病」在這樣的語境裡，既是自嘲，也是他大半生甩不開的疾病名詞。問他此病對生活的影響，他說：「你要聽哪一段？我有躁鬱症、社交恐懼、囤積症、戲劇化人格、邊緣性格……」他畢業於國立大學心理系，對心理名詞如數家珍，而讀這個科系的動機就

隨手有什麼食材，賈宜秉就加在一起。比如照片中的漢堡配筍絲、八寶粥配金針菇。（賈宜秉提供）

是想了解從十三歲開始即意識到的病症。「我的結論是，這種病是各種因素交互影響……」換句話說，病的原因可能什麼都是，也可能什麼都不是，追究已無意義，影響卻是紮紮實實跟著他，賈宜秉精通英、法文，學歷不錯，但他無法工作，有時是情緒低盪，無法出門，更多時候是：「面對兩個以上陌生人的場合，會很焦慮。」第一次見面採訪時，他坦承吃了抗焦慮劑才能赴約。

畢業至今，他靠著零星翻譯和編寫補習班教材養活自己。經濟狀況不穩，他的午餐也很簡單，這天他吃的是蕃茄飯，配水煮秋葵和玉米濃湯。「我只關心食物能不能順利變成大便，好不好吃不重要。」有時吃漢堡加筍絲，有時是八寶粥加金針菇，或泡麵加金針菇。

他時常把這些怪異的午餐擺盤拍照上傳臉書，我稱讚他簡直是神經病界的葉怡蘭，他回說：「能當一個有用的人，受到肯定的感覺真好。」從小成績優異，期待自己成為醫生之類的社會賢達，而此時他卻說：「我是一個失敗的人、無用之人、社會邊緣人。我缺愛，不受社會肯定，躁鬱症讓我沒辦法發揮具備的才能。」

生病使得他與家人關係疏離，再加上男同志的身份，他渴望建立一個家。就像基督徒在上帝的愛裡得到恢復，他期待在情人的愛裡得到療癒：「現在回頭想，我一直期待自己的男友是一個類似心理諮商師的角色，可以愛我，瞭解我，幫我走出病的陰影。」六年前，他遇到一個大學生，「第一次見面，我們吃了鵝肉麵，他嫌湯油，看他撈油的樣子好可愛，我就決定要跟他在一起。」愛情沒有理由，撈油也能讓人墜入情網。

交往的日子，賈宜秉短暫成為「正常人」，可以正常上班，「我還記得在廚房裡看著男友做菜的背影，我告訴自己，要一輩子記住這個畫面，有人為我做菜。」為了「成家」，他在男友學校附近租了房子。關係維持了兩年，家成了牢籠：「住在一起，我每天看到他覺得好煩……吃飯看他在撈油，我就很生氣，是夠了沒……」一方面是情感淡了，一方面則是習慣把男友當諮商師，所以無忌憚地把所有負面的情緒往男友身上發洩，這是討愛，也是求救。哭喊崩潰的行為背後，是企求男友替陷在情緒迷霧裡的自己指出一條明路。

兩人為小事爭吵，他常陷入歇斯底里，哭喊跺腳，或不斷長篇大論傳訊息叨念對方。「我在兩人關係裡，一直是折磨對方的人。」他明明知道是情緒勒索，卻仍不斷藉由傷害折磨對方來反證自己被愛。

情人走了，他又獨自一人，「我開始有睡眠問題，有次他來借住我家，那晚我睡得特別好。」愛情沒治癒他，反添新病，「我以為有人愛我，我的病就會好……可是，我發現兩人關係裡，要嘛一起成長，要嘛彼此折磨，不會有一方治癒另一方這種事。」

上個月，賈宜秉犯了急性肝病，他自己走入急診室，等待檢查時，他躺在病床上讀書，右床病患有家人守著，左床是一個不斷咳嗽的孤單老人。「我看著書，想著我以後是不是就跟那老人一樣……想到這裡，我就一直哭，停不下來。」為了不讓自己顯得太可憐，下一秒語氣急轉直下又說：「我都沒哭出聲喔，默默掉淚，演戲要內斂，我有戲劇性人格嘛。」

總是笑著說哭的事，就像他住院的晚上，每隔幾小時就在臉書上貼文，不時說說笑

賈宜秉希望在愛情裡治癒自己的心病，最後發現自己總是折磨對方。（攝影｜林俊耀）

話，嘲笑自己。「經歷過這些，我有病識感了……」愛情不是良藥，它是面鏡子。「所以啊，現在一個人並不見得是壞事……」只是偶爾睡不著而已。

二〇一七年一月十六日

Jovi是一個隨性的媽媽，野餐的便當食物都是買來的，女兒喜歡把食物一格格分開裝。（攝影—林煒凱）

這個家有兩個媽

——這樣的家庭跟所有的家庭一樣都有類似的小悲小喜，她們奮不顧身，只爲了接住生活抖落的每個閃閃發亮片刻。

日本的主婦有個不成文的習慣：每搬到一個新住處，便會帶著幼兒到家附近的公園亮相，藉此認識其他主婦，名為「公園初登場」。

對三十六歲的Jovi來說，到公園野餐不是為了認識其他主婦，也有點帶著「初登場」、向公眾宣告的意味，她週末時會和

Jovi嫌伴侶拍照技術不好，於是訓練苗苗拍照，四歲小孩常拍出許多令人驚奇的好照片。（攝影｜林煒凱）

伴侶Mindy帶著四歲的女兒苗苗一起到公園野餐，她不避諱地與Mindy牽手、輕吻臉頰，「有些人會嚇到，對有些年輕的夫妻，我會跟他們解釋我們是同志家庭，如果是年紀太大的，那種講了也聽不懂，我就懶得說了。」

不過，比起兩個女人的親暱舉止，女兒苗苗反而更引人目光，路過的歐巴桑對她好奇，小朋友盯著她看，因為她是一頭金髮的混血兒，Jovi懷胎十月生了她，卻與她完全沒有血緣關係，簡單的說，苗苗只是借她的「子宮」住了三十七週。

苗苗和鄰居小孩玩耍，上幼稚園，每天過著一般四歲幼兒的日常生活，沒有人問她為什麼有兩個媽媽？反而不斷有人問她：你是哪國人？「她是台灣人啊，怎麼解釋還是有人一直問她哪國人，她去上幼稚園第一個禮拜，小朋友反覆都在問這個。」Jovi說，苗苗是敏感的小孩，路上的大人看到混血兒，就忍不住去摸她、捏她，她非常不自在。「我不擔心她因為同志家庭被欺負，但我擔心，她因為外表跟別人不同，會過得比較辛苦。」

Jovi曾經有一段兩年的「同性婚姻」（台灣法律不承認同性婚姻，因此只是一場宴請雙方親友的公開儀式），五年前她和「前妻」決定要生小孩，Jovi有遺傳病僵直性脊椎炎，怕遺傳給小孩，於是由前妻提供卵子，礙於台灣法律規定，她們在泰國選用了白人捐精者並以人工受孕方式，由Jovi負責生孕。

為何不選用黃膚黑髮的亞洲人精子？「亞洲的捐精者選擇很少，很多像我們這樣的家庭在國外做了小孩回國後，發現都共用了同一個捐精者。」

她和前妻曾公開宴客舉辦婚禮，「丈母娘」不贊成，放話要打斷她的腿。幾年後，

不管Jovi吃什麼，女兒都吵著要吃，於是她在嘴上掛著洋蔥圈餵她。（攝影－林煒凱）

她接受了Jovi，還期待她們生小孩。有了小孩之後，「婆媳」問題、小孩教養問題成為「夫妻」之間的磨擦來源，最終導致分手。

法律是冰冷無情的。因為前妻在法律上是陌生人，所以當苗苗出生時，氣管塌陷需要急救，Jovi失血昏迷在手術檯上——而她是法律上唯一能進加護病房探視苗苗的家屬，因此當時無人可以探望小孩。個性剛烈的前妻在這個關頭，也只能痛哭求醫生通融。立法委員許淑華曾說：「同志可以了解的，他們都這樣幾十年了。」反正加護病房外你們也哭習慣了，再多哭幾年也沒差，這就是我們國家的立委。

Jovi說：「雖然我和苗苗沒有血緣，但她一出生就會自動黏著我，跟我比較親……」血緣與親情並不是絕對的因果關係。Jovi的童年就完全印證這個道理。她的父親酗酒，並對母親家暴，母親受不了而離家，「我有陣子很怨恨媽媽，怨她為何離家出走不帶我走，所以我之前跟前妻吵架離家，一定會帶著苗苗。」

父親也對Jovi拳腳相向，Jovi念中學時，父親脾氣一來會衝進浴室，拿著棍棒把正在洗澡的Jovi痛打一頓。「那種恐懼我一直到大學都還在，甚至還拿美工刀劃自己的手腕自殺過……」大學離家後，她就少與父親聯絡，直到父親過世。

這樣的午餐是人生難得的美好時光，Jovi用四個塑膠盒，分別裝著沙拉、漢堡、薯條、鬆餅。「苗苗喜歡把食物一格一格分開。」食物是買來的，野餐也沒有美麗的野餐墊，看來這個媽媽也是非常隨性，Jovi吃一口麵包，苗苗也要跟著咬一口，Jovi喝一口水，苗苗也要跟著一口。Jovi給苗苗的一切，是她自己從來沒有得到過的。「我一度不諒解媽媽，生了小孩之後，知道當一個媽媽是這樣累，我比較能

Jovi（中）假日常跟女友（左）帶著女兒到公園野餐。（攝影｜林煒凱）

理解當年媽媽要養三個小孩，又不時被我爸打，最後只能選擇逃家了。」

異性戀家庭會遭逢不幸，同志家庭也未必完美。同志婚姻也可能會離婚，Jovi 也會溺愛女兒，比如讓她每天十點才到校，苗苗脾氣不好，常常吵著要媽媽抱。不過，為何要證明自己更優秀才能值得擁有家庭？異性戀從來不必證明自己。

這樣的家庭跟所有的家庭一樣都有類似的小悲小喜，他（她）們奮不顧身，只為了接住生活抖落的每個閃閃發亮片刻。

二〇一六年十一月二十一日

因為聊太久了，泡麵青菜都黃了，倪瑞宏還是堅持要擺盤。七彩仙女燈是她自己買材料做成的。（攝影—林煒凱）

來去宮廟當仙女

——她嘲諷女王的愛情世界充滿虛假的粉紅泡泡，但她自己的愛情世界比較像是她家客廳，充滿各式破爛但有趣的垃圾。

二十七歲的倪瑞宏住在新店山區，因為出入不便，她的午餐常以泡麵打發。雖然只是泡麵，但她還是堅持要加上蔬菜和水煮蛋擺盤。只是聊太久，菜黃了、蛋黃過熟了，菜、蛋、泡麵擺得再美還是一樣落漆，這剛好完全展現她個人尊崇的「落漆美學」。

「台灣就是處處這種要上不上，要下不下的落漆感，我去看花燈會特別看那些人形玩偶燈肢體沒接好的地方、花燈上有補丁的膠帶……」她二〇一八年受邀幫金曲獎最佳女演唱人獎畫過場動畫，粗糙帶點惡趣味的風格十分搶眼：「我也不知道主辦單位為什麼找我啊。」

這位說話聲線迷茫，有種「鏘」感，像是隨時都喝醉的女子是台灣新銳藝術家，她身上四個刺青有桌燈、壁燈和蓮花燈，她說之後還要刺LED燈，人生願望是開燈具店，因為很炫很美麗還會受眾人注意。她的父親是台灣知名的傳播學者倪炎元，參加女兒個展開幕致辭，第一句話便是：「我也不知道這個女兒為什麼會變成這樣……」

倪瑞宏出生於台北，父母都是老師，家中四個小孩，排行老二，但這個老二總是任性不聽話。媽媽送她去學打擊樂，她只對課堂上附送的黏土有興趣，別人在敲木琴，她坐在地上玩黏土，玩了一節回家，媽媽要再送她去上課：「我姊、我妹都去了，只有我躺在地上不動，怎樣就是不肯出門。」

學校成績普通，只愛畫畫，念了美術班，卻三天兩頭跟術科老師吵架：「我們常要看著照片畫素描，根本沒有實物，畫這個很沒意思。」學科不好，時常趴在桌上睡覺，只有數學課不睡，因為老師要求她只要不睡，就讓她及格，「我每堂課就一直瞪著老師看，根本也聽不懂。」

她考上了台南藝術大學，並順利畢業，有人開玩笑叫她仙女：「很多人說台灣女畫家就是仙女，畫美美的圖、穿得美美的，然後嫁給有錢老公……我就很好奇仙女這個符號的來源和社會意義。」滿嘴鏘話的

倪瑞宏（仙女裝扮）參加仙女比賽，得獎後還要到廟裡對香客灑水。（倪瑞宏提供）

倪瑞宏說起了嚴肅的主題，只是下一秒又墜入荒誕：「大學畢業，我就去參加仙女比賽。」

鹿耳門天后宮每年會舉辦仙女選拔，比賽方式就是向媽祖執筊，看誰神筊最多，倪瑞宏得了第七名：「我還要到廟裡提供仙女服務，對香客灑水，然後香客會說謝謝仙女。」她說，仙女形象便是傳統社會對理想女性的期待。

古代的仙女選拔來到現代成了選美的標準。倪瑞宏也參加了彰化縣舉辦的「花young仙子」選美賽。選美才藝表演，倪瑞宏表演射水槍，將顏料裝在水槍裡，向圖畫紙噴射出圖案。現場沒人看懂她在幹嘛，只剩一片靜默，「連主持人也不知道要說什麼。」

她這一系列的「身體力行」經驗，都成了她碩士論文的一部分，看似不正經的胡鬧行為，背後關注的是當代女性的處境。好比她熱愛將兩性暢銷作家「女王」的書籍內容畫成作品、改成像十八層地獄的電動花車。「可能是因為現在社會物質生活太充實，但心靈太空虛，所以會對愛情上癮，愛情像是現代人的宗教。」兩性專家滿紙荒唐言鼓吹永遠到達不了的愛情彼岸，現實便成了十八層地獄。

倪瑞宏高中開始讀女王的兩性書籍，「她的書看起來好像在鼓勵女人獨立，但最終決定女人幸福的關鍵還是在感情和婚姻。」古代是仙女，現代則是「女王」框架住了女性的「理想生活」。

「我畫金曲獎插畫時，心情很不好，你看每個女歌手都臭臉……」原來當時她的曖昧對象不回應她的感情，其作品批評女性愛情成癮，但這也正是她自己的寫照。她曾費盡心思到香港見曖昧對象，才發現對方疑似有家室，整天廝混在一

藝術家倪瑞宏的客廳充滿有趣的「垃圾」，這個燈箱是前男友從廢墟撿來送她的。（攝影—林煒凱）

起的情人，最後卻發現是幼稚、不負責任的人……

她在愛情生活裡掙扎：「這次畫金曲獎之後，很多人問我要不要出Line貼圖，誰要出這個啊？我要蓋一個博物館，收集這個時代女人談戀愛的各種形象，像女王的書那樣，然後蓋成粉紅色。」

她嘲諷女王的愛情世界充滿虛假的粉紅泡泡，但她自己的愛情世界比較像是她家客廳，充滿各式破爛但有趣的垃圾。她的客廳有一個半人高的「三支雨傘標」廣告燈箱，是前男友從廢墟扛回來送她的禮物；倪瑞宏又從櫃子裡拿出一本一九八三年的美國版《花花公子》，這是現在曖昧對象送她的禮物：「一九八三年是他出生的年份！」

她領著我們到地下室，全是她花錢做的藝術裝置，現今閒置在大樓停車位上：「你問我為什麼要花錢做這些，我也不知道啊，你看這些裝置現在全成了垃圾，藝術本身就是一種幻象。」愛情也是幻象，執意追求，最後也全成了垃圾。

二〇一八年七月十六日

曾經奢華度日的陳鳴敏，現在的午餐是樸實的員工餐。（攝影｜賴智揚）

幸運的女魔頭

——女魔頭最幸運的並不是江湖走跳這些年總能在最危難時化險爲夷，而是還有機會親口對親人說抱歉……「只要他還認我這個媽，我就覺得我是世上最幸運的人了。」

「當年，一塊小小的生魚片一千二，我也吃過。」社工陳鳴敏的午餐是一個大碗公，裡頭的白飯蓋著幾樣簡單的青菜、炒肉片和豆干。她看了一眼：「我以前是不吃這種的……」過去她身上穿的是黑標Burberry，車庫裡有四台賓士輪流開。

她當過酒店小姐，當過黑道大哥的女人，

入獄那天的午間新聞標題是：「黑道女魔頭落網。」四十六歲的她，身材圓潤，笑聲爽朗，像是剛去公園跳完土風舞的社區媽媽。她把過去說得很清淡：「男人去坐牢，留下來的生意嘛，就賣賣槍，賣賣藥，做點偽卡生意而已。」

她從小是名校好學生，父親是警官，管教嚴格，「成魔之路」是從一台五十C.C.的機車開始。那年她十六歲，「我爸不買給我，我就去打工，當辦公室小妹一個月才五千，太慢，電玩店一個月三萬三。」

工作場所出入複雜，錢雖存到了，卻也染上了安非他命，二十年來社會流行過的毒品，她沒有一樣錯過。隔年索性「轉職」當酒店妹，二十一歲生下兒子，不到一年就離婚，將小孩交給夫家撫養，此後只見過兒子三次。陳鳴敏的青春歲月按了快轉鍵，別人一輩子來不及經歷的，她幾年間全過了一遍。

年輕只知玩樂，簡直是樂在當雞了：「做小姐我就當是在玩，陪酒陪唱歌，完全樂在工作。」之後的劇情就跟八點檔一樣：酒店小姐戀上黑道角頭，生了女兒，嫌生活無聊，做起偽卡詐騙和毒品買賣生意。這些黑錢不能存銀行，就鎖在家中保險櫃，「我出門抓一把放皮包，多少錢我也沒概念，看到喜歡的東西就買，不覺得這些錢是錢。」

雖是歹路，她走得十分「幸運」：她吸毒二十年，曾經用藥後太茫，翻車沒死成；感情受挫，自殺七次，也沒死成。一般吸毒者時常進出監獄，陳鳴敏既吸毒也做跨國販毒，竟從沒被捉過。直到三十歲那年，警方查槍，搜到滿屋子毒品，陳鳴敏才第一次入獄。「上教化課，老師要我們回憶過去生命經驗，我想到我曾經墮了七次胎，突然很內疚，還想到我兩個小孩……就哭不停。」

荒唐歲月表面風光，心裡卻充滿愧疚，「我常想到兒子，覺得對不起他……清醒的時候會想，藥茫的時候也想……但就是不敢去找他。」出獄後，原本體重四十一公斤的她胖了四十公斤，四處求醫，最後才發現發胖是因為腦垂體長了小瘤，造成內分泌紊亂，而腫瘤則可能是長期吸毒的後遺症。

「我胖到懶得化妝，懶得買衣服，物慾真的也少了，發現不買那些東西，也不會死。」出獄後的第一份工作是去當清潔工，「我隱瞞前科才得到這份工作，那段時間，不敢正眼看人，永遠低著頭說話。」當清潔工之外，還到大賣場當銷售員，安分守己是為了——「我存錢……想帶兒子出國。」

為了補償錯過的時光，也為了道歉，她挑了在泰國看Show的鬧哄哄場合，小聲問兒子：「你會恨我嗎？」兒子隨口答了不會。她終於開口：「媽媽其實想跟你說對不起，一直沒機會說，希望你原諒我。」兒子落淚回答：「我知道妳當時有妳的難處。」女魔頭最幸運的並不是江湖走跳這些年總能在最危難時化險為夷，而是還有機會親口對親人說抱歉。

「只要他還認我這個媽，我就覺得我是世上最幸運的人了。」愧疚的還有始終陪在她身邊的女兒，陳嗚敏藥癮發作時會對她拳打腳踢，「她三、四歲我就打她，最可怕的不是打她這件事……而是我打她的時候，竟然覺得很爽。」命運待她何其寬厚，女兒現在唯一的抱怨是：媽媽懷孕時還在吸毒，害她現在有嚴重的過敏和氣喘，抱怨聽起來像撒嬌。

陳嗚敏後來念了社工，和NGO團體一起協助成立一家「七品聚」中途餐廳，廚房工作人員全是煙毒犯的更生人，這是他們重返社會的暫時安身處。陳嗚敏那碗簡單

陳鳴敏現在的模樣，完全看不出有一段吸毒、販槍的荒唐過去。（攝影｜賴智揚）

飯菜，就是員工餐，也是她每天的午餐。

「我看到那些出獄的毒癮犯，就像看到當年我為了生活去當清潔工……毒癮犯出獄時大多想重新做人，只是沒機會，只好又回到舊環境。」繞了一圈，這一頓簡單的員工餐對她來說，得來是如此不易。

華服、美食、青春美貌全都一去不返了。三十年前的生命叉路是為了一台機車，她從好學生變成女魔頭，又從女魔頭變成現在的社區媽媽，社區媽媽還考上了台北大學犯罪研究所，一切回到了原點，她現在靠一台機車代步，但不同的是，她騎車在上班的路上，想著女兒，想著兒子，此生從來沒有如此滿足過。

二〇一六年十一月二十八日

為了畫漫畫，盧卡斯幾乎足不出戶，出門就是去買午餐的滷肉飯。（攝影—林煒凱）

為你出櫃最浪漫

——異國生活就是不停的冒險，嘗試討厭的食物、嘗試故鄉無法做的行業、嘗試自己害怕的出櫃，每次冒險嘗試都是重新發現自己。

我們跟著盧卡斯（Lucas Paixão）出門買午餐，「我很會吃滷肉飯，像剛才經過那家的肉很乾，完全不行。」他每天的午餐就是一碗滷肉飯。二十八歲的他出生於巴西的薩爾瓦多，三年前來台灣念書，當時每天必喝的還有珍珠奶茶：「我一年胖五公斤，不敢喝了。」

盧卡斯在路上撿了人家不要的檳榔盒，收集滿滿一大箱。（攝影｜林煒凱）

除了食物，他著迷台灣的檳榔西施，在路上撿路人丟掉的空檳榔盒，收集了一整個紙箱，甚至為了瞭解這個行業，他拉著朋友一起壯膽，想採訪西施：「我可以跟妳聊天嗎？」結果被罵變態。採訪的這天，氣溫低：「我好奇吃過兩次檳榔，吃完全身熱熱的，今天這麼冷好像應該去買來吃。」吐紅汁不怕嗎？「就吐啊，有什麼關係。」

二〇一六年，他甚至以檳榔西施的故事畫了一部漫畫，在台灣連載一年，連早餐店阿姨也看了，還對他說：「你怎麼不來問我呢，我年輕時候就是當檳榔西施，懷孕的時候，還遇到客人對我打手槍呢。」

談起關於漫畫的相關細節，盧卡斯說得眉飛色舞：「我可以從早上九點畫到晚上十二點，每天只有午餐出門買滷肉飯。」為了創作漫畫，他從北藝大美術所休學，每天守在電腦桌：「休學畫漫畫，不出門卻非常快樂，才發現這是我想一直做到老的工作。」

明明來自巴西，盧卡斯畫出來的主角全是日系的人物造型，「我覺得美國漫畫很無聊，都一樣的英雄故事，日漫題材比較多。」巴西的青少年除了鄰近的美國文化強勢輸入之外，也看日本漫畫。巴西大城市每年舉辦日本動漫節，日本卡通的知名聲優、動漫主題曲樂團時常到巴西巡演。他九歲就看日本漫畫，從《七龍珠》看到《聖鬥士星矢》、《美少女戰士》、《庫洛魔法使》，「有一次我花了一整節課畫皮卡丘，被老師發現，當面撕掉，我真的好難過喔。」但他媽媽不在意他畫漫畫，認為學校成績只要六十分就可以了。

盧卡斯來自單親家庭，媽媽是一名社工，

熱愛滷肉飯的盧卡斯還替他最愛的食物畫了漫畫。（盧卡斯提供）

她的第一段婚姻有一個女兒，離婚後，在旅行途中結識一名男子，經過短暫交往，便懷孕獨自生下盧卡斯：「我媽很不容易，一個女人要養兩個小孩，也從來沒讓我們覺得窮困。」沒有父親的成長過程並不遺憾，只是偶爾被同學笑「娘」。「我的家裡都是女人，有次在學校上完體育課洗澡，我像女生一樣把大毛巾圍在胸前，我不知道男生要圍在腰。」他笑自己是「天生娘」，沒有辦法。

十三歲那年，他從網路下載音樂，原想下載 Joanna Pacitti 的〈Watch Me Shine〉，卻錯載了 S.H.E. 翻唱的中文版。「我第一次聽到中文，覺得好奇妙、好酷喔！」他又發現很多日漫都被台灣拍成偶像劇，便開始追台劇：「那時候看《終極一班》、《薔薇之戀》，現在看覺得很白痴，可是那時候好喜歡喔。」他看著偶像劇學會了中文，也開始對台灣好奇。

四年前，他決定來台灣念書。巴西沒有漫畫產業，更不可能有漫畫家這個行業，但在台灣，這個夢想突然有了實現的可能：「很多人說，台灣漫畫產業不完整，但比起巴西好很多，有很多比賽、補助，甚至還有人願意登我的漫畫。」還有一個實際的原因：「台灣離日本近，機票便宜，可以常去日本玩。」

來台灣不只畫漫畫，盧卡斯還交了一個男朋友。雖然他在巴西交過兩個女友，但他說可能是受日漫影響，喜歡亞洲男生。盧卡斯還沒交男友之前，曾經跟媽媽談過自己是雙性戀：「她雖然說沒關係，但我擔心她沒有完全接受。」

真的交了男友，他不敢跟媽媽說，也不敢向朋友坦白，「我一開始很膽小，不敢跟朋友介紹他，我到現在還很害羞，我沒什麼當 gay 的經驗。」除了害怕之外，對一個雙性戀來說，出櫃是一件意義不

盧卡斯來台灣念書，房間滿滿的漫畫。（攝影｜林煒凱）

明的事：「如果你是gay，可能從小在學校被欺負，所以有一天可以自由當gay了，你會想很大聲跟別人說。可是我都沒有這樣的經驗啊，跟男人在一起，不用一直講。可是，後來想，這樣什麼都不說，好像對男友不公平。」

去年十月，媽媽來台灣看他，他百轉千迴，終於開口正式介紹男友：「我媽有一點嚇到，但應該還是有心理準備，所以沒怎樣。」他說出櫃是他為男友做過最浪漫的事：「我為他做了一件我從沒想過、本來害怕的事……我現在到處跟人說，他是我男朋友了。」

媽媽來台時，為他和男友煮巴西料理，也吃了盧卡斯愛吃的這家滷肉飯，「她也說好吃，還說有點像家鄉的黑豆飯。」對他來說，滷肉飯是美好的異國食物，但也有另一個極端：「以前我不喜歡吃豆腐，像是在吃紙，可是吃久了，發現還滿好吃的。」異國生活就是不停的冒險，嘗試討厭的食物、嘗試故鄉無法做的行業、嘗試自己害怕的出櫃，每次冒險嘗試都是重新發現自己。

二〇一八年三月十二日

這天的午餐牛肉麵，張哲豪在最落魄沒錢的時候，也常靠這家咖啡店老闆接濟。（攝影－林俊耀）

就算爛片也要認真演

——十年苦熬的日子裡，竟因一部奇片而發出光亮。此時，張哲豪正吃著牛肉麵，天氣炎熱，他仍津津有味。現實愈是殘破愈是需要擺出津津有味的姿態，就算只能遇見黃英雄，也要當成楊德昌的戲去演，等待與苦熬最終都會有意義。

最近，三十歲的演員張哲豪心情有些複雜。他高中時就立志當演員，從三點全露的學生製片、網路短片演到八點檔的男配角，認識他的人依舊有限。現在，認出他的人多了，因為他在三年前拍了一部低成本的「奇片」——《台北物語》。

一開始，他不好意思承認：「我只敢說我

演的另一部由林依晨主演的《神祕家族》上檔了。」沒想到片子太出奇，林依晨也比不過會叫的瓷狗，羞於啟齒的奇片一再加演，票房逼近四百萬元。「網路有留言問：『演員演這種爛片不覺得可恥嗎？』我回他，『認真又盡全力做的事有什麼好可恥的？』」

他的確有資格說這樣的話。這部電影充斥各種荒唐對白，只有他的角色逃過一劫。這並不是編劇寫到他的角色突然清醒：「劇本裡有一些鬼打牆、奇怪的對白，我都自己先改掉。」

雖然在片中他只是扮演小偷的小角色，但在影評和網路評論中，他是這部電影裡的零負評演員，這樣的評價他一方面有些自喜：「至少大家談到我的表演都是正面的。」另一方面又努力想替片子辯解，一下子用《紙牌屋》的橋段解釋瓷狗為何會叫，一下子用劇場理論替其他演員晃神的表演方式開脫。最後，還用了電影裡的金句自我解嘲：「導演給演員很大的空間，我們是士農工商，各司其職。」

人生有很多不得已，心比天高的演員演到糟糕的戲並不是作踐自己。

採訪這天，他出現時身上還沾了一點麵粉，他的正職是廚師，工作的餐廳員工有八成都是演員：「老闆脾氣差，半年氣跑十幾個人，結果留下來的都是演員。」他說，演員在片場被導演罵慣了，廚房的這點氣不算什麼。留在餐廳是為了生計，也是為了演員夢：「如果有演出，大家比較願意互相調班。」張哲豪不是特例，苦熬等機會的演員群聚在大台北地區咖啡館、餐廳兼職，「就連得過金鐘獎的學妹也得這樣打工養活自己。」

他每天下午三點下班到這家咖啡館吃午餐，老闆是認識多年的朋友：「我最窮的時候身上只有六塊，沒東西吃只好來跟老闆討飯吃。」當廚師之前，他沒正職工作，只有零星接各種表演，有次又沒錢了：「又餓又累，一到店裡，老闆就端菜出來，我很感動。」食物撫癒人心，他稱老闆是他的擺渡人。

張哲豪出生於台南，是家中獨子，從小就習慣自己演戲給自己看。他無所不演，連當兵演習時，他扮演炸彈客，「我自編台詞，跳到桌上去大吼大叫，演得太認真，其他人嚇到，最後是把我壓在地上打。」

當一個落魄演員，最苦的是入夜後：「在台北一個人住，我不敢回家，回家一個人就會鑽牛角尖。」未來事不能細想，所以他躲到電影院，一部接著一部看：「看到很棒的演出，我就會幻想螢幕上那個演員是我，這樣一想好像就覺得有未來了。」

過去，沒電影可看，他就約會：「通常也不見得是我喜歡的女生，我只是想找一個人可以說話，轉移目標。」但自從退伍後他就沒再談戀愛，「長期過這種不穩定的生活，人會變得自卑，遇到喜歡的人你也不敢跨出那一步，會怕自己沒有能力……」

到最後，約會把人際關係也弄壞了，所以乾脆落腳這間朋友開的咖啡館，在這裡解決午餐、開會、寫劇本，直到清晨四點店打烊，他終於把自己累到無法多想再回家，日子苦：「為了演戲，你用腳把我踩在地上叫我吃屎，我都做啊。」不過，吃屎也許不是當演員最難的事，三年前，他考上植劇場，卻決定放棄跑去演八點檔，現在的植劇場做了幾齣口碑不錯的戲，問他會後悔當時的選擇嗎？他想了一下：「當演員最難的就是做各種選擇。」

十年苦熬的日子裡，竟因一部奇片而發出

在《台北物語》裡，張哲豪跟一只瓷器狗演對手戲，他吃午餐的咖啡店外剛好也有個瓷器貓。（攝影｜林俊耀）

光亮。此時，張哲豪正吃著牛肉麵，天氣炎熱，他仍津津有味。現實愈是殘破愈是需要擺出津津有味的姿態，就算只能遇見黃英雄，也要當成楊德昌的戲去演，等待與苦熬最終都會有意義。

二〇一七年六月二十六日

潘秀雲的午餐滿有個性的，就靠一碗雞湯打發，飯後配甜點和黑咖啡。（攝影－楊子磊）

越老跑得越快

——兒女離家、丈夫過世，對潘秀雲來說，空巢的日子彷彿回到蘭陽女中的少女時代，可以在多雨的操場上踩水、爬牆翹課，不必顧忌別人任性度日。

潘秀雲的午餐是一碗雞湯，飯後還習慣到附近買甜點配黑咖啡，這種午餐組合看起來像是一位個性十足的少女，其實潘秀雲已經八十一歲了：「前陣子，社會局還打電話給我，問我過得怎樣，我叫他們去關心別人，不要浪費時間在我身上了。」她育有兩女一男，十八年前丈夫過世後，便堅持獨居。

潘秀雲七十五歲時，登上喜馬拉雅山時的留影。（潘秀雲提供）

兒子曾對她說，此生不打算結婚。「我一聽，馬上說好啊，沒關係，但你要錢賺得夠你養老，這個比較重要。」她話才一說完，當天晚上卻看到丈夫在祖先牌位面前哭訴自己要絕後了。「這有什麼好哭的？有沒有人拜真的這麼重要嗎？」她對女兒也是如此要求：婚姻不重要，能不靠他人而活才是真本事。

不忌鬼神也不忌口，潘秀雲想吃什麼就吃什麼：「人過得開心最重要，什麼都不能吃就太沒意思了。」她嗜吃甜點、牛肉，但攤在桌上的上個月健康檢查報告，竟然一欄紅字也沒有。不過，這份午餐還是約略透露她的身體概況：「我只有牙齒不好，不太能咬硬的東西。」

身強體健的潘秀雲是台灣知名的「田徑阿嬤」，六十歲參加長青組的田徑比賽，從國內比到亞運，拿了二十多面的田徑獎牌，同時還是台灣長青組九項紀錄保持人。七十五歲爬喜馬拉雅山，七十九歲爬吉力馬札羅山（非洲最高峰），採訪這天，她才剛從雪山下來：「爬山時很多人會笑我，這麼老了還來爬，結果一上去，我爬得比年輕人還快。」

為了爬山跟跑步，她雙手雙腳都受過重傷：一手被落石砸成粉碎性骨折，另一手因跌倒骨頭穿過皮膚，右腳則是練習三級跳扭傷，跑步時拉斷左腳掌肌肉。受傷的事都是一個人承受：「小孩都不知道啊，跟他們講幹嘛？我女兒後來跟我說：『人老了，就要量力而為，不要逞強。』」家人都說她個性「鴨霸」，沒人攔得了她。

爬山和跑步都是誤打誤撞的意外收獲。五十八歲時，潘秀雲膝蓋磨損嚴重，醫生要她換人工關節：「一副幾十萬，不到十年又要再換，很大一筆錢。」她不服輸的

「鴨霸」個性又來了，不聽醫囑，每天拄著枴杖爬陽明山，爬完再去泡溫泉：「我當時想，把膝蓋周遭的肌腱練強，就可以減少關節壓力了。」半年後，膝蓋奇蹟復原。她想，難得有一雙健康的雙腿，豈能浪費，於是積極參加各種運動社團。

潘秀雲出生於宜蘭，是家中長女，有五妹二弟。父親曾在日據時代的軍方工作，家境原本不錯，但在她十二歲時，父親因病過世，只能靠母親幫人洗衣度日。「我爸受日本教育，本來管我很嚴，他一過世，我海闊天空啦。」她念蘭陽女中時，參加田徑隊，別人是乖乖照著跑道跑，她偏偏要踩水跑，路滑，她就邊跑邊滑，當競速溜冰，最後穿著裙子跌了一身汙泥，她也無所謂。

「別人說我很拚、鴨霸，我也不是隨便亂拚，我都有考量過環境和條件。」這段話是她談自己的運動生涯，也像是說自己對人生的妥協。她女中畢業之後，為了讓弟妹有機會念書，決定放棄升學，到市公所擔任約聘人員。當時，年輕貌美加上個性活潑：「追我的大概有好幾台拖拉庫哦。」好強任性做自己的少女還是得向環境低頭，當時她有一位交往數年的男友，但長女背負著養家的責任，斷然決定嫁給一名來說親的地方旺族。

丈夫在外縣市經營建築生意，她留在宜蘭照顧夫家的雜貨店，「一包米百斤、米酒頭一次十六支，我都一個人扛。大家都說妳看起來這麼小隻，怎麼力氣這麼大？」這是她婚後唯一的「運動」了。不管是燈泡壞了，還是水龍頭沒水，她都自己來。

「夫妻分開久了，一定會有問題。」曾有第三者打電話對她罵三字經：「我不知道怎麼回嘴，是我女兒搶過去回罵。」三個小孩都勸媽媽離婚，「離了婚我要去哪？他外面女人不斷，我都知道，我也看很

潘秀雲堅持年老了要穿鮮豔的衣服，氣色才會好看。她每天早上四點半就出門運動。（攝影｜楊子磊）

開……我嫁給他是為了讓弟妹讀書，這場婚姻也值得了。」她不是逆來順受，而是倔強地不願當個可憐兮兮求丈夫回頭的妻子。

不過，少年夫妻老來伴：「他過世，我有一年躲在家裡，還是會難過。」甚至到國外爬山時，還曾夢見從來不愛運動的丈夫就睡在她旁邊：「我不會怕啊，我當他是來保護我。」如何排遣喪夫的悲傷？「看書。」宗教類的書嗎？「我不太信那些，我看《三國演義》、《基督山恩仇記》，我好喜歡俠義的故事，看了好幾遍。」

兒女離家、丈夫過世，對潘秀雲來說，空巢的日子彷彿回到蘭陽女中的少女時代，可以在多雨的操場上踩水、爬牆翹課，不必顧忌別人任性度日。她現在的衣櫃裡盡是鮮豔的新衣：「人老了絕對不能穿黑色，不好看。」

只是，隨著年紀愈來愈大，長青選手愈來愈少了：「我喜歡有競爭，可是現在能比的人不多，隨便跑我都最快了。」以前輸贏看得重，有些長青選手還因此交惡，「我有次出國比賽，第二名的說，她沒有拿過金牌，問我的金牌可以送她嗎？我就送她了，反正我家裡已經太多了……跑步還是開心最重要。」

二〇一八年七月二日

在愛情裡 我不醜

——在這段感情最難熬的時刻，他開始喝黑咖啡，告訴自己要鎮定，那像是一個儀式，好像喝下苦味的咖啡便能冷靜面對生活的其他挑戰。

每段愛情都會在生命裡留下記號。對二十五歲的張乃其來說，十八歲那年的初戀，讓他養成了喝黑咖啡的習慣。「剛交往時，看他斯文的樣子，不覺得有什麼奇怪。」交往幾個月後，男友會突如其來地暴怒，還會直接把手機往地上砸爛。

某次，談到統獨的問題，一句閒聊的話，

面對恐怖情人的暴力威脅，張乃其開始喝黑咖啡，告訴自己要鎮定。（攝影—賴智揚）

「他突然將我的筆電用力往下壓，然後用力一拳往我頭上砸，我一時反應不過來又是一拳，在不斷拳打腳踢後我才意識到『啊，我的男朋友正在打我。』」交往第八個月，兩人談判分手，分手當天半夜，男友喝醉到學校找張乃其，在校園裡狂毆他，「我趕緊打手機向朋友求救……後來是警衛看到了，才跑來阻止。」

之後，對方放話要到學校的大樓跳樓自殺、又說要殺他全家：「我真的嚇到了，才趕快跟學校反應，可是我沒有出櫃，我要求不要跟我家裡的人說這件事。」這也是同志面對親密關係發生暴力時的困境：「那陣子，我每天醒來，想到這件事就很沮喪。」上課、搭公車時一想到這件事，就難過得大哭。在這段感情最難熬的時刻，他開始喝黑咖啡，告訴自己要鎮定，那像是一個儀式，好像喝下苦味的咖啡便能冷靜面對生活的其他挑戰。

「一開始，我會想，我是不是做了什麼事不對，他才要打我。」暴力後，男友總是誠懇道歉，帶他吃大餐，他總認為：「情侶間遇到問題就要去面對和解決，我以為暴力的事也是這樣。」諮商師力勸他擺脫暴力情人，但自卑感作祟，他總是心軟想挽回關係，諮商師告訴他，「暴力會不斷循環下去，週期會愈來愈短，強度會愈來愈大，時間愈久暴力循環會變得更難解、複雜。」

這是張乃其的第一場戀愛，天真地以為應該會天長地久：「我長得很醜，又沒有身材，我會擔心錯過他，是不是就再也找不到別人像他這麼愛我？」張乃其雖不是帥哥，但離「醜」字仍還很遠，他卻對外表極沒信心：「小學有次回家看著鏡子，覺得自己怎會這麼醜，想到很傷心，就一直哭……」

這個自卑來源可能跟成長有關。張乃其的

父母是理髮師傅，家境並不寬裕，一家人住在鐵皮屋裡，張乃其國中時，鐵皮屋失火差點葬生火窟，「家裡窮，我小學五年級時又發現自己是gay，學校同學又笑我香腸嘴。我覺得自己怎麼這麼醜，又是gay，家裡也窮，未來根本沒希望了。」兩個哥哥發現他的電腦上瀏覽記錄有同志網站，便常公然拿此事笑他，還叫他：「肛門其」、「娘砲其」，父母總視為小孩間的笑鬧不以為意。

「小時候我怕同性戀會不被家人接受，每年生日和祭祖拜拜我都許願，我能愛女生，甚至故意去看異性戀A片想變正常，可是看到最後，我都在注意影片裡的男優。」同性戀能平安長大都要有強大的心理素質，他想開了：「與其擔心如果我是gay，爸媽會不愛我，不如我先搶一步，所以大三就暗示他們，如果你們不接受我這樣子，也沒關係，我經濟獨立後，就自己過日子，不會回家了。」

正因為如此，他與初戀男友的暴力關係，從未考慮和家人討論：「狀況會變更複雜，我擔心他們會認為：你就是同性戀才會遇到這樣的事。」這幾年開始，父母雖沒有正面跟他討論過性傾向，但姿態已有軟化：「有次我跟我媽吵架，後來她在臉書上貼了蔡依林的〈不一樣又怎樣〉MV，我知道她有接受這件事了。」

在諮商師和朋友的幫助之下，張乃其斷斷續續到了第十個月才徹底擺脫恐怖情人。時間過去七年了：「我前陣子還夢見他，要跑上樓來殺我，我知道他就要上來了，心裡非常非常害怕……」分手後，他與第二任男友交往，但因為太愛對方，讓對方覺得壓力太大而分手。

他在報上讀過一首童詩：「時間像貓，離開了就不會回頭。」他認為愛情也是，所以更要緊緊握住，「我常問前男友，你會不會不見？他說他會一直都在，可是還是走了。」

經歷幾段戀情後，張乃其認為愛情也許會像貓走了就不回來，但你遠遠望著牠就好，不要拿石頭丟牠。（攝影｜賴智揚）

愛一個人容易，但要適宜地愛著一個人卻是難的：「我看到很多離婚的男女撕破臉的故事，愛情也許會像貓走了就不回來，但你還是可以遠遠望著牠就好，不要拿石頭丟牠。」

走過兩段感情，他說自己還是沒自信，但體會到：一個人的感情觀及人生，與成長、家庭都脫不了關係，他剛考上律師，立志專攻《家事法》：「商務上的法律問題成不成功，只是關乎一筆交易，但家事官司的成敗卻關乎一個人的人生。」問他還覺得自己醜嗎？「我還是很介意別人罵我醜……但我現在沒那麼醜了，因為第二任男友很帥，我能交到這麼帥的男生，應該沒有多醜才是。」我們因愛情而受傷，也在愛情裡重新得到力量。

二〇一八年五月七日

因為菜市場小販的一句話，阿霞不服輸，自己研究鹹豬肉的做法，現在已是她拿手菜。

（攝影－賴智揚）

讓人開心最好命

——阿霞現在少下廚，下廚時最常做的就是鹹豬肉，因爲吃這道菜的人都很開心，「身體好一點的話，我也想去賺錢，但現在這樣也不錯啦。」好日子來了，好命不是因爲不必工作，而是終於有能力使別人開心了。

「我每次煮飯，我兒子就會嫌，媽，你怎麼又煮一樣的……」六十歲的阿霞姐已經不太下廚了，小兒子愛做菜，包辦大部分下廚的工作。這天中午，阿霞姐難得下廚，做了一道鹹豬肉：「現在只有做這道菜小孩還吃，每年過年，我還會自己醃鹹豬肉送親戚。」這是這個家裡不能忘記的媽媽味。

然而，阿霞姐的人生裡，從來沒有媽媽味。她還沒出生，父親就因意外過世，媽媽生下他後就交給舅舅和外婆撫養。從小寄人籬下，阿霞姐很快就學會看人臉色過日子，「在別人家裡要多一張嘴吃飯，手腳就要勤快。」在舅舅家裡，地髒了就要主動去掃，表弟表妹出生了，她一個接一個主動照顧。

再怎麼勤快，她終究是個外人，「舅媽看我回家，會故意在廚房弄得很大聲，摔鍋子。」雖然學校成績不錯，但小學五年級時，她主動休學到工廠工作，「我每個月賺的錢就去跟會，後來舅舅要蓋新厝，我就標會把錢給他。」她說，別人待她是好是壞不重要，她吃了人家一口飯，就得要報恩。

她十七歲就離家獨立，做過餐廳服務生、紡織廠女工、打雜小姐，連車床也做過。之後，嫁了人，生了一女二男，老公卻不養家，在外花天酒地，還利用她當人頭借錢。她沒想過離婚，因為：「人家有娘家，我又沒有，而且小孩又小，我都想，忍一忍，他有一天會回頭。」日子總是得過下去，為了養家，她清晨兩點出門，到市場批發蒜頭，再到各大市場販賣，回家有空再做家庭代工補貼家用。

日子是靠一分一角的小錢累積，什麼小錢都得算得一清二楚，好比學會這道鹹豬肉也是如此。「有天我去買鹹豬肉，老闆娘口氣很不好，說要過年了，要比平常貴五十元，又說，有錢還不見得買得到。」就為了五十元，也為了一口氣，阿霞姐自己打聽鹹豬肉做法，嘗試了幾次，竟成了她的招牌菜。

生活就是為了這一口氣。「我從小沒有媽媽，再怎麼苦，我也要把小孩養大……我以前去算命，算命師父說他從來沒看過命這麼壞的，但撐過去的話，五十歲以後就會好命了。」好日子來了嗎？五十三歲時，她受不了老公三番兩次地要錢，在兒女的支持下離婚；接著，因做了大半輩子的勞力工作，膝蓋受傷無法久站，她辭去大樓的清潔工作。她從小學五年級開始，每日勞碌工作，突然在五十八歲時沒事做了。

對阿霞姐來說，休息才不是好命，「我一直找有沒有做半天或是做幾小時的清潔工，不必站太久，加減賺也好。」兒子看不下去，勸阻她打算再工作的念頭。但漫漫長日要如何打發？阿霞姐每天看電視、翻報紙，開始在筆記本上亂塗鴉，有時是電視上看到的奇怪logo，有時是報紙上奇怪的人物表情。

兒子看了她畫的塗鴉覺得有意思，教她用iPad做畫。他每天下班教阿霞姐電腦繪圖，可是阿霞總是邊聽邊打瞌睡，「我常常步驟都忘了，但又不好意思一直問兒子，只好自己一直試。」這一試，試出了興趣，她每天畫，畫到後來，兒子乾脆把媽媽的塗鴉做成Line貼圖到網路上販賣。

阿霞姐說畫畫是老人無聊的消遣，但就算是「無聊的消遣」，也如同她一路以來，做任何事都要爭一口氣。她從茶几下方，掏出一疊從報章雜誌剪下來的各種有趣圖片：「我沒看過船，可是我想畫船，所以就剪了這張船的照片。」她平常最愛看《蘋果日報》，因為照片人物的表情最多，她可以一筆一筆照著畫。

她沒學過畫，所以畫出來人的手都是像哆啦A夢一樣的饅頭手，人物也醜到沒有表情。不過，畫了兩年多，阿霞姐現在進步了，人物長出了表情，饅頭手也長出了指頭。「我畫的圖很醜啦，但醜得讓人很開心，我就很高興了。」

阿霞姐兩年前開始在家塗鴉，結果畫出興趣，這是以自己為主角的畫作，風格比之前成熟。（攝影｜賴智揚）

阿霞現在少下廚，下廚時最常做的就是鹹豬肉，因為吃這道菜的人都很開心，「身體好一點的話，我也想去賺錢，但現在這樣也不錯啦。」好日子來了，好命不是因為不必工作，而是終於有能力使別人開心了。

二〇一七年十月二日

從小在台北萬華長大的王炳忠，午餐常吃這地方有名的滷肉飯。（攝影｜王漢順）

愛恨王炳忠

——島上的人在王炳忠身上投射不同的未來焦慮：擁抱他的，看到的是中國崛起，害怕就要沒跟上發達之路；嘲笑他的，是害怕民主偏安的日子稍縱即逝，有天自己也得變成王炳忠才能過日子。

中華兒女的午餐沒有五大菜系的氣派，是萬華一家滷肉飯老店。三十歲的新黨發言人王炳忠對華西街的小吃瞭若指掌，可以從肉圓講到滷肉飯：「這家滷肉飯有加香菇，我從幼稚園就常和我媽來這裡吃了。」這個午餐菜色一吃就近三十年。

他自小在萬華長大，母親是萬華人，父親

出身台南農家，現在是萬華一處宮廟的主持人，所以懂滷肉飯不令人驚奇，驚奇的反倒是他一口字正腔圓的北京腔：「我媽怕我像我爸的台南腔，所以幼稚園就去上正音班了。」他成了班上國語最好的學生，還會幫同學矯正發音，只是這樣的口音在現今聽來，只會想到戒嚴時期的對匪廣播，有些懷舊，有些時空錯置。

講什麼話，當什麼人，中華兒女從沒懷疑過自己：「我就是中國人，這件事我從沒懷疑過。」這個政治認同是來自他滿嘴台南腔的父親，小學時，王炳忠升旗唱國歌，被老師誤認為和同學講話，父親拿著宮廟的七星劍要去學校找老師理論：「唱國歌還被找麻煩，老師是搞台獨嗎？」念建中時，王炳忠參加「三一九槍擊案」的街頭活動，因曠課要被記過，父親到學校嗆聲：「你們這些教官，還是革命軍人嗎？國家興亡的責任怎麼就讓一個十六歲的少年去扛呢？」

父親年輕時就熱衷政治，曾在台南鄉下私下組黨，但那個年代苦無機會發展，只好把這樣的政治熱情灌注在王炳忠身上了：「我爸說，別人罵你三字經，你就罵五字回去，吃虧不會是佔便宜。」二〇一四年，王炳忠參選市議員就以父親的宮廟做競選總部，媒體說王炳忠是怪咖，父親不高興，說兒子是「奇葩」才對。

中華奇葩樂於與眾不同：「我國中去補習班，有人跟我說，王炳忠你可不可以正常一點？我那時候才知道，別人看我其實很不一樣。」他不看漫畫、不打電動，愛唱老歌、愛看《一翦梅》、《八月桂花香》等連續劇還有邵氏老電影。「我還會自己設計電視節目表，一個人播新聞，一個人演電視劇，整個電視台就我一個人。」演給家人和朋友看嗎？「我演給自己一人看。我常常一個人走路，邊走邊唸台詞，一人分飾多角……」

我們以華西街為背景拍照，王炳忠擺的姿勢和老派的髮型活像是救國團的活動海報。錯亂的時空感不僅外表，他說起解嚴三十年：「我在解嚴那一年出生，可是我覺得現在還是一個新戒嚴的年代，像我這樣的統派，被欺負、被網路霸凌，不是一樣的嗎？」可是，戒嚴對人民的壓迫可不單是網路霸凌，有些是付出生命的，他則這麼說：「對國民黨來說，戒嚴的正當性是來自反共；台獨者也因為戒嚴阻擋了共產黨統一，而有了日後談論獨立的空間。」

說自己被霸凌是新戒嚴，把劉曉波關到死的中國共產黨反而有民主精神了：「你說習近平獨裁，但他做決策時也並不是他一個人做決策。」又說，民主並不是台灣最迫切的問題，最迫切的是兩岸統一：「很多問題，統一之後就自然解決了，美國或日本只把台灣當棋子，不管你死活，只有中國是兄弟之邦，兄弟合作，才能扭轉台灣的困境。」中國強了，台灣的中華兒女等不及站上浪頭示愛，就怕祖國阿爹不認這個遲回家的孩子。

各種話題只要起了頭，王炳忠就像土石流，鋪天蓋地擋不住：「氣勢很重要，台灣人都是拿香跟拜，只要聽你講得有理、有氣勢，也就不敢反駁你。」他說自己從不孤單，因為相信自己的理念，故而不說不甘心。

他依舊是當年的一人電視台，在自己的世界裡滔滔不絕，全天候不停播。「現在大家笑我，但十年後、二十年後，你們看我的眼光一定跟現在不同。」王炳忠說：「我在賭，兩岸必定統一，選舉是為了宣揚理想……這是普渡大眾的工作，我有種宗教式的使命感。」

他帶著強大的自我逆風而行，在本土意識高漲的年代主張統一，在新黨最低潮的時候加入，因為他相信自己可以逆轉大局：

王炳忠氣場很強，任何地方都能拍出具個人風格的照片。（攝影｜王漢順）

「很多人問我為何不加入國民黨？新黨雖小，但我在這裡能講自己想講的話，不必遮遮掩掩談統一，你看洪秀柱談統一不是被罵死了？」

沒人知道未來最終的結局是什麼，逆風而行的先知或是生錯時代，有時僅是一線之隔，然而時代中的人往往錯看自己。正因為歷史的不確定、時代的不安感，島上的人在王炳忠身上投射不同的未來焦慮：擁抱他的，看到的是中國崛起，害怕就要沒跟上發達之路；嘲笑他的，是害怕民主偏安的日子稍縱即逝，有天自己也得變成王炳忠才能過日子。

二〇一七年七月二十四日

輯二——正宗便當

生活的苦辣甜酸，
通通收進這小小的便當盒裡。

活得任性，吃得也任性，從小偏食的神樂坂雯麗不愛吃葉菜，這天的午餐照例沒有葉菜類。

（攝影—賴智揚）

在洞穴裡穿女裝

——如果人生是一場無止境的吞忍比賽，不想長大的偽青春期男子只想任性地別過頭去，不將絲毫委屈和妥協往肚裡吞，一如偏食的習癖。

三十八歲的神樂坂雯麗，午餐吃的是附近自助餐，他從小偏食，沒有緣由地討厭葉菜，「大人曾經強迫我吃，我會反胃嘔吐，最後他們都放棄了。」所以，這天的便當沒有葉菜，蔬菜只有四季豆和花椰菜。

神樂坂雯麗形容他的房間是一個「洞穴」，外頭是喧鬧的菜市場，房間僅有的對外窗，每天只能照進十分鐘的陽光。洞穴裡擺滿他的收藏——滿牆動漫相關產品、電動遊戲攻略本，角落還有幾枝玩具槍。十年前，在台中念書時，逢假日他便騎機車四處在玩具店裡搜購這些過時的遊戲卡帶和攻略本，「老闆都問，你收這些垃圾要幹嘛？」

房間的另一道牆是女裝：「我現在男裝很少，男裝不好穿，又貴，不划算。」自稱神樂坂雯麗，其實是一個內心住著任性少女的大叔，他把變裝當興趣，也毫不避諱把嗜好寫入名片：「沒有妹子，就自己扮一個——魔法中年少女」。說起來，這項嗜好是六年前誤打誤撞開始的，一直在網路走跳的他，一次偶然的機會，網友起鬨要他扮女裝，「要扮就要扮美一點。」原本樣貌平凡的中年男子，第一次扮女裝竟驚豔四座。

「我從小偏食，長得瘦小，運動也不行，對自己的身體很沒信心，這是第一次有人這樣正面稱讚我的外表……還有，女裝材質真的很舒服，你要穿了才知道。」他曾有段七年的婚姻，仍是個異性戀（但他說不保證不會對男扮女的「男性」有興趣），當時妻子還提供他許多「當女人」的技巧；媽媽在臉書上看到兒子變「女兒」，很擔心他會身敗名裂，雖反對也別無他法，只告訴他：「不要讓別人看了眼睛不舒服。」

「這句話，我有聽進去，所以每次拍照都很慎重，只拍美照，太醜的都刪掉。」他說，變裝讓他改掉大男人的壞習慣，「以前陪前妻逛街都很想睡，穿女裝之後，完全不會了。」妻子總是嫌他拍照把她拍醜，穿女裝之後，他才領悟：「我以前是把女人當戰車、當模型拍，現在我知道怎麼拍腿會長、人會瘦，她後來很滿意。」他們是大學時的班對，兩人在台中買了房子，「變裝的那段時間也算是有點逃避，

神樂坂雯麗扮女裝時得到很多讚美，給他很大的自信。（神樂坂雯麗提供）

那時候跟前妻的感情已經有點狀況了。」

神樂坂雯麗退伍後一直沒有穩定的工作，房貸、生活開銷等責任大部分落在妻子身上。「男人又愛打腫臉充胖子，很俗套地常為了錢的事而衝突。比方這個月要繳多少錢，我都說沒問題，等時間到了，錢拿不出來，她就要出來收拾爛攤，她是嚴謹的人，受不了我這樣隨性。」日積月累，生活的小抱怨成了無法挽回的裂痕。

十年前，他曾在網路上以「廢業青年」為名寫部落格，當時他從東海建築所休學，自嘲「學業」與「事業」皆廢的青年。轉眼人到中年，過去輕巧的自嘲都成了刺耳噪音。「我不會說我的愛情被物質打敗，是我沒有好好經營這段關係。」離婚後，他一人回到台北，不敢回台北老家，借住朋友家，情緒低盪：「覺得自己人生好失敗，我沒去燒炭只是因為住在朋友的空房子，我死了會給人家添麻煩。」

分居後，他輾轉落腳在這間小套房，「前妻把我的收藏一箱一箱寄上來，我看到這些東西，想到過去的日子，當時怎會這麼快樂？很想把這些東西燒了。」他說，前妻很瞭解他，即便再不愉快，也都不曾要他變賣收藏品。

「我可能比較自私吧。想過著自己開心的生活，不必負那些負不起的責任。」他從前妻家帶來一隻養了十六年的貓，Kitty。採訪時，Kitty不斷繞在身邊喵喵叫，像是隻多話的貓。他說，有牠就不寂寞了，那是他現在生活中唯一要負的責任。

「我結過婚，也想當一個正常人，可是，我沒辦法做我不喜歡的工作，我甚至連麥當勞打工也沒辦法做……既然沒辦法在正常世界裡當一個成功的人，就在我的嗜好領域裡當一個成功的人吧。」他目前是一個募資網站的編輯，新創公司很自由，允許他在家工作，他過著穴居生活：不想談戀愛，不求功成名就，只想跟貓過日子。

他在洞穴裡過得像是十年前的學生生活，

神樂坂雯麗興趣廣泛，房間全是他的收藏，背後牆上是遊戲卡帶和攻略本，手上的玩具槍是他最近迷上的新嗜好。

（攝影｜賴智揚）

那是他最快樂無憂的時光，而這些嗜好就像是好玩的社團，日子是怎麼也望不到邊界的「偽青春期」。如果人生是一場無止境的吞忍比賽，不想長大的偽青春期男子只想任性地別過頭去，不將絲毫委屈和妥協往肚裡吞，一如偏食的習癖。

只是，偶爾想起人世的各種社會期待，心中難免一驚，沒關係，那就扮扮女裝，玩玩電動，跟Kitty說說話，洞穴的日子一點也不無聊，而且還很療癒。

二〇一八年三月五日

雖然家裡開鵝肉攤，但張藝的午餐是附近買的焢肉飯。（攝影—賴智揚）

沒說出口的最真心

——父親是硬漢，所以父子沒有親近談心的時刻，「我知道他偶爾看我拍的影片，可是當我聽到他的手機傳來我的聲音，我就很尷尬，跑開躲起來。」張藝說，小時候父親常跟他說自己年少時，各種混街頭、惡作劇的往事，「那些事都超好聽的、很有趣啊。」這也許是父子之間，最接近彼此的時刻。

二十一歲的張藝頂著一顆光頭，穿著棉質長袍，看起來像是位出家人。「出家人」的午餐沒有青菜，他端出的是焢肉飯。張藝在網路上教人種植物，時常把植物種壞、毫不掩飾在鏡頭前手忙腳亂，可是卻大受歡迎。他不斷強調自己的影片不僅是搞笑，也在傳達嚴肅的植物知識。只是，

「拍影片時，網站的編輯也很期待我種壞，好像大家都在期待這個……」

他平日是東海美術系的學生，白天在家裡的鵝肉攤幫忙：「我從國中就在店裡工作，完全沒有自己的休閒時間。」工作從下午五點開始一路到半夜一點打烊，午餐時間，家裡不開伙，家人各自起床覓食：「在店裡煮點東西我是沒問題，下班回到家我一點也不想再碰了。」所以，他的午餐沒有鵝肉只有焢肉。

平常與湯湯水水為伍的張藝，房間充滿靈氣，一面鐵架上擺滿植物，牆上還掛了四株鹿角蕨，「很多人說植物在房間裡陰氣重，可是陰氣重植物根本長不好，要說我房間陰氣最重的，可能就是我吧。」張藝是一名男同志，從小就被笑娘娘腔。除了娘娘腔還有他的大陸腔，父親因為在中國經商認識廣西籍母親，七歲之前，一家人住在廣西。剛回台時，張藝每天起床第一件事就是唱中國國歌，「台灣親戚都覺得這小孩怎麼了……我以前的志願是當國旗的升旗手。」

張藝因此童年常被霸凌：「你說慘不慘，娘娘腔加大陸腔，我都不知道怎麼活下來的。」娘娘腔男孩遇到不愉快就是忘了它：「我是那種回家哭一哭，隔天醒來就好的人。」

不過，最難熬的還是來自家人：「有時候店裡來了比較像 gay 的客人，我爸就會在背後念：『那群是捅卡撐的。』我聽了很不舒服啊。」念高職時，他常穿鮮豔、合身剪裁的衣褲，就怕全世界都不知道他是個 gay：「我爸一定也知道我是，只是不說。」

今年春節前夕，父親喝了點酒，無來由對張藝發脾氣：「我沒辦法接受你的事情，你不要太超過。」看不慣父親喝酒的張藝回嘴：「什麼事你講啊。」媽媽在一旁不懂發生什麼事問：「你們吵什麼啦？」張藝接話，挑明了說：「爸說他不喜歡我是同志。」

接下來，就宛若八點檔的情節了，父母抱著痛哭，張藝雙腳一跪，母親哭喊：「我為何會這麼不幸。」所幸，日子不會一直是八點檔，「我媽不了解同性戀，以為我每天出門會去公廁換女裝，還會想去變性，跟她解釋清楚就好了。」父親則是傳統的硬漢，閉口不談，四天不跟他講話，之後又裝作若無其事。

直到有天，父親突然問他，為何不加他臉書。張藝在臉書上講下流的話，耍三八，穿女裝搞笑，根本不想讓家人看到：「我解釋了一下，結果我爸說：『不管你是什麼樣子，我都會支持你。』」張藝於是加了父親好友，父親看了他的臉書，呆坐在客廳一整個下午：「他呈現世界觀崩壞的狀態。」

父親講話直接、愛罵人，但從來沒罵過他娘娘腔，也沒罵他的性傾向。問張藝，這是父親對你最溫暖的表現吧？「大概吧。」父親是硬漢，所以父子沒有親近談心的時刻，「我知道他偶爾看我拍的影片，可是當我聽到他的手機傳來我的聲音，我就很尷尬，跑開躲起來。」小時候父親常跟他講自己年少時，各種混街頭、惡作劇的往事，「那些事都超好聽的、很有趣啊。」這也許是父子之間，最接近彼此的時刻。

問張藝畢業後有無離家的打算：「住家裡很好啊，離家的話，我一屋子的植物要誰照顧啊？」把植物一起帶走不就好了？「住家裡有人做菜不是很方便嗎？」每天深夜鵝肉攤打烊回家，父親必炒一道青菜當宵夜，一家人分著吃：「我最喜歡吃宵夜了。」早餐來不及起床，午餐又各自料理，晚餐趁工作空檔吃，只有宵夜才是一家人一起吃飯的時候。

張藝說，室內種植物會陰氣太重是沒有根據的，又說，房間陰氣最重的可能是他自己。（攝影｜賴智揚）

說是捨不得植物，又說父親始終沒完全接受他的性傾向，但張藝最放不下又最在意的是沒說出口的家人。

二〇一七年十月二十三日

雖然對食物的接受度很高，對盧冠良來說，沒有太多骨頭和細刺的排骨是最方便吃的午餐。（攝影－陳毅偉）

我還聽得見

「我也常走錯路、搭錯車，那有什麼關係？再搭回來就好，多走錯的路，多『看』到不一樣的人，也很好啊。」

大部分台灣盲人從小的願望就只能是當個「按摩師」，考上執照後，他們的世界就只剩下按摩站和住家，連每天走的路都一樣。因為看不到，所以他們最怕陌生的環境，「像我今天來按摩站，計程車停車只要離門口多個二十公尺，我就不知道怎麼走，身上常常撞得瘀青。」二十九歲的按摩師傅盧冠良這麼說。他十五歲就考上按

盧冠良手上的手錶有立體浮雕，利用觸覺「看」時間。（攝影－楊子磊）

摩師執照，是當年全國最年輕的按摩師。

雖然如此，盧冠良原本卻想當程式設計員，「我學過一陣子網頁設計，可是發現有點無聊，就放棄了。」無不無聊是盧冠良衡量一切的標準，問他午餐吃什麼？「我每天吃的都不一樣，就算到同一家店，我也會點不一樣的東西吃。」要怎麼點菜？「老闆會念菜單，但他不會有耐心把所有的菜單念完，所以我偶爾會聽隔壁桌點什麼，就跟著點。」

這天的便當是排骨飯，雖說眼盲心不盲，但視覺的侷限下，盧冠良還是會避開多刺的魚肉和帶骨的雞腿。他喜歡美食，放假時會用盲人電腦（電腦會語音念出螢幕上的字）上網搜尋「名店」，然後搭計程車到店裡品嚐，「像以前流行的馬桶餐廳、各種有名小吃我通通吃過，都是很有趣的體驗。」

盧冠良時常把「體驗」掛在嘴邊，對他來說，吃什麼不重要，重要的是接近人群的「體驗」，好比這幾年他迷上了旅行，「我做按摩的，聽人說峇里島的按摩很有名，所以我也去一趟，做了熱石spa，很棒的體驗啊！」二〇一五年，在所有親友反對下，他獨自完成了台灣環島旅行：「沒那麼難啦，我先查好住宿和吃飯的地點，搭火車，到站後可以叫計程車，或我朋友來接。」那趟旅行他不但從北到南的知名小吃都吃了一輪，還細心地將台灣聞了一圈：「七星潭的海風聞起來鹹鹹黏黏的，跟峇里島的不太一樣，峇里島的風有植物的香氣。」

說起來，這麼積極「體驗」是有原因的。盧冠良六歲時，因視網膜剝離失明，八歲時又因發燒而失聰，雖然戴了電子耳，這個世界對他來說仍像是一台收訊不良的收音機，他時常得側著頭，才能聽清楚對方的話。他七歲進入啟明學校，畢業後自己開了按摩站。二〇一四年，他考上文化大學財金系，大二那年，平常聽來清亮的鳥叫聲突然變成低沉的蛙鳴，「醫生說，我的聽覺神經退化了，嚴重的話，可能就再也聽不見……我想多『體驗』這個世界，趁還來得及的時候。」

於是，他休學，存錢旅行，下個月還要跟著旅行團到日本：「聽說紫藤花很美，是紫色的，我要去摸摸看，還想吃一下有名的一蘭拉麵。」六歲之前的「視覺記憶」所剩不多，「至少，我還知道顏色是什麼，知道長寬高的概念，很多天生盲的人一輩子都不知道。」因為曾經看見過，所以世界從不是黑漆無聊，也許因此他比一般盲人更樂於冒險：「我也常走錯路、搭錯車，那有什麼關係？再搭回來就好，多走錯的路，多『看』到不一樣的人，也很好啊。」

出生於台中的他，父母是清潔工，家裡還有兩個正在念大學的弟弟、妹妹。他從念啟明學校便離家住校獨自長大：「我已經忘記想家是什麼感覺了，我現在好幾個月才回家一次。」他和家人不親，仍喜歡與家人聚在一起的感覺：「尤其是過年，大家聚在一起聊天吃飯，我喜歡這樣。」

這和他當按摩師傅的經驗有些類似：「我最喜歡去老人院按摩，老人會跟你講很多年輕的事，都是我沒經歷過的。」他喜歡聽人講話、群聚的氣氛，「我還記得剛從啟明畢業，到基隆的按摩站工作，每到中午，大家很熱鬧地討論要吃什麼，邊吃飯邊聊天……」這樣的氣氛跟他晚上睡前是完全不同的，睡覺時他會摘下電子耳，那

盧冠良六歲失明，八歲失聰，但對世界仍充滿好奇心，四處旅行、吃美食。（攝影｜楊子磊）

是一個漆黑、沒有聲音的世界：「如果有一天，我連聽覺也沒了，只剩下觸覺，那會……」他沒說下去，但可想而知，那是個連點菜也沒辦法偷聽隔壁桌點什麼的世界，會很寂寞吧。

二〇一七年五月八日

這是梯雅賣的巴東牛肉便當，有時太忙，她就白飯配辣椒打發一餐。（攝影—賴智揚）

愛比毒更難戒

——印尼人相信食物的辣味是精力來源，初到台灣時，她最想念的便是故鄉的辣椒醬，現在有時便當賣完了，就以辣椒醬配白飯打發一餐。生活再苦，梯雅說：「有辣椒，我就能活了。」活著是極其困難，卻也極其容易的事。

中午的內湖街頭，一群印尼男女買了便當就席地而坐吃了起來，十年前，梯雅（Diyah）也曾經跟這群男女一樣坐在地上吃便當，這裡鄰近印尼駐台辦事處，成群的移工被仲介送過來辦證件，辦完證件已近中午，他們就買了便當席地而坐。但如今，梯雅不同了，她是賣便當的人——從吃便當到賣便當，這條路走得曲折。

四十一歲的梯雅是印尼爪哇人，她是家中長女，十七歲就到雅加達工作養家，沒多久就愛上大她三十歲的老闆，之後生了一個兒子，「在印尼，有錢人娶很多老婆是合法的，可是老闆的太太不肯，我把小孩帶回爪哇，一個人跑來台灣。」

二〇〇三年，她擔任一位奶奶的看護，她帶奶奶去早餐店，老闆見她活潑開朗又單身，便把自己的弟弟介紹給她，是她的第一位台灣男友。台灣的男友雖有小兒麻痺，對她卻是百般包容，「我那時候很想家，假日常常到桃園的夜店跳舞，然後也跟著用搖頭丸、K他命，他都知道，一直勸我，可是我沒辦法……」男友不僅照料她在台灣的生活，還會寄錢給她印尼的家人，梯雅喜歡吃台灣零食，他就算行動不便還是會到大賣場幫梯雅「補貨」。

南洋姊妹會執行祕書梁組盈分析，有些移工是被雇主餵毒控制，有些則是因為工作壓力，為了提神之用。至於梯雅，雖然遇到好的雇主，但人在異鄉，語言不通，凡事都仰賴同鄉的朋友，而朋友用了藥，她也自然而然接觸了。

人生的轉折在她三十五歲的生日那天來到。兒子從小就是梯雅的媽媽帶大，梯雅對他而言，只是一個常打電話的陌生人，兒子一直跟著梯雅的弟妹叫她「姊姊」。那天，小學四年級的兒子從印尼打電話來，祝她生日快樂，並第一次開口叫她「媽媽」，「他長大了，知道我是媽媽了，我突然醒過來，要為兒子振作，我要回印尼，不能再這樣下去。」因持觀光護照來台打工，梯雅自首進了看守所，等待遣返的時間到來，男友一週會來探望她兩次，每次都扛著滿滿的食物。

她回印尼後，男友被診斷出胰臟癌，三個

月後過世，梯雅不相信，又申請來台看護，最後見到靈堂才死心。為了養家，她繼續留在台灣工作，七年前，梯雅陪照顧的奶奶到醫院看病，隔壁床有位楊先生與她搭訕，她見對方老實善良，出院後便和他開始交往。「交往第二個月後，我發現他吸毒曾被捉過九次，我不怕，因為我也吸過，我可以改過來，他也可以，我要幫他。」

梯雅認為，這是過世的男友送她的禮物：「他生前一直幫助我，現在他要我也救這個人。」楊先生吸毒勒戒坐牢，答應每天寫信，結果沒寫過一封，但她仍痴痴每週去看守所等待會客：「我不是親屬沒辦法進會客室，就在外面等，他的哥哥進去會面，出來說，楊先生知道我在門口等他，他就痛哭失聲……我聽了，就心甘情願等下去。」

梯雅身邊的朋友都勸她不要再等了，男人只是騙妳，跟妳玩玩而已。沒想到男友出獄那天，第一時間直奔梯雅的家：「我帶他到處去見我朋友，跟朋友說，你看，他沒有騙我啊！」兩人四年前結婚，梯雅的父母反對，「我不敢跟他們說，我老公沒有房子，在印尼再窮的人都會有房子住。」婚姻初期，大家也不看好，老公吸毒紀錄「輝煌」：「吸毒的人是因為沒有人愛他，只要有人愛他，他真正在乎對方，他就會真的戒掉。」

社區裡的人都說這是奇蹟，「我們結婚後，他真的再也沒碰過，可是……」所有的愛情都有一個可是，「可是他真的很像小孩子，我累得要死，他還在打電動。」婚後，梯雅到路上賣便當、假日再兼職當清潔工，老公則是打零工，收入不穩，但她一點也不在意：「阿拉說，錢的事，不重要，重要的是人的心。」她不羨慕那些嫁入中產家庭的同鄉姊妹，「我覺得自己命不好，可是我現在很快樂。」

梯雅在台灣工作、結婚，也剛好見證了台灣法律對移工、外配的轉變。（攝影｜賴智揚）

她每天早上四點起床準備便當做生意，直到下午兩點才能吃賣剩的便當當午餐，不會餓嗎？「我們印尼人只要聞到辣椒味就會有力氣了。」印尼人相信食物的辣味是精力來源，初到台灣時，她最想念的便是故鄉的辣椒醬，現在有時便當賣完了，就以辣椒醬配白飯打發一餐。生活再苦，梯雅說：「有辣椒，我就能活了。」活著是極其困難，卻也極其容易的事。

二〇一七年五月十五日

午餐肉、茄汁肉碎蛋都是馬來西亞人早餐或午餐常吃的菜。旁邊是手指滑版，可用手指操控。（攝影－賴智揚）

胖是一種狀態不是一種心態

「胖是一種狀態，不是一種心態，不要因爲是胖子就不打扮，也不要以爲很多事不能做。」

三十六歲的蔡仁舜體重有一百二十五公斤，他的午餐便當非常沒有胖子的風格：兩片午餐肉、一碗白飯，澆上茄汁肉碎蛋，再配一碗雞湯。這樣就飽了嗎？「如果我每餐都要吃到飽，那就很可怕了，只要不餓、差不多就好。」怎樣才算飽？「有一次去夜市，我買了鐵板牛排、香腸、炭烤雞排、鴨肉飯，結果發現坐我對面的男

蔡仁舜這張照片眼神自信中帶點挑釁意味，在網路上受到熱烈討論。（U joy 提供）

的在瞄我，他又叫女朋友往我這看……好沒有禮貌，我氣了一個晚上。」

凡是遇到對胖子的歧視，蔡仁舜都會直接反擊，「好像所有的胖子都要會搞笑，我就刻意不笑，不想被當小丑。」因為胖，朋友喝醉會拿他突出的上圍開玩笑，他也毫不留情開罵。

不想當小丑，蔡仁舜把自己武裝起來，不隨便笑，耳朵掛了大耳環，身上還有刺青，一臉凶惡像流氓，家裡的貓只要他嘖一聲就嚇到不敢動，可是內在幽默的一面還是不經意流露，只是配上嚴肅的外表，像是殺人犯在講笑話。

好比，問他有想過減肥嗎？「我只有吃飽的時候才會想到要減肥。」他在西門町的整人玩具店認識他現在的妻子，妻子是個肉肉的「棉花糖」女孩，他是這麼說的：「我被她騙了，她當時站櫃台，遮住下半身，不知道她身材這樣。」第一次見面說了什麼？「這裡好熱，可不可以開冷氣。」

去年底，一位攝影師找了幾位大尺碼男女，以唯美的風格拍了一系列的照片，其中蔡仁舜扮希臘雕像的照片在網路上流傳，他裸上身，自信直視鏡頭的模樣令人印象深刻。他說：「胖是一種狀態，不是一種心態，不要因為是胖子就不打扮，也不要以為很多事不能做。」

他穿深色合身衣服，用體香劑不容許自己流汗有體味；他喜歡極限運動，但體重太重不適合玩，看了網路上的「手指滑板」影片，他想：人滑不了滑板，手指滑總可以吧，索性開了一家手指滑板（以手指操作的迷你型滑板）的店。

蔡仁舜是馬來西亞麻六甲的華人，便當菜

色就是故鄉的家常菜。家中六個兄弟姊妹，只有他從小就是班上最胖的那個。不過，比起胖，他更困擾的是：「我沒辦法靜下來讀書，連現在臉書的朋友寫了比較長的文章我也只按讚，沒辦法看完，所以高二就休學了。」

休學後，他不知道能做什麼，在麻六甲賣電器、當水電工、畫過廣告看板，有次到俱樂部找廚師朋友，朋友廚房工作忙不過來，他臨時上場幫忙，第一次炒麵就受客人稱讚，這是他年少時，少數受到肯定的事，於是轉行當廚師。

「當廚師薪水少，我連新加坡都沒去過，很想出去世界看一看。」二〇一〇年，他到郵輪上當廚師，隔年上貨船當大廚，在海上遇過索馬利亞海盜、也遇過九死一生的暴風雨，「走了一趟船，覺得世界已經不再只是一個小小的麻六甲城了。」

生命如此奇妙，跑船的一次假期，他來到台灣，在西門町認識了現在的妻子，交往兩年，見了五次面就決定結婚。到現在移居台灣兩年了，他懷念做菜的日子，大廚的日子過慣了，他做不了兩人菜，一次都做六人份，只好帶到店裡跟大家分食，準備午餐成了他唯一「練刀」的機會。

每次回鄉，蔡仁舜便在朋友的店裡客串掌廚數天，每天限量一百碗的叻沙麵。他把自己做的麵拍照放在臉書上，每道麵顏色鮮麗，秀色可餐，他說：「做菜是我身上最利的一把刀，終有一天會再用上的。」說到自己擅長的食物，他終於露出胖子的笑容了。

蔡仁舜不苟言笑，是一個很有個性的胖子。（攝影｜賴智揚）

二〇一七年一月九日

大病初癒，胖達終於可以吃過去忌口的食物，像今天的午餐就是雞腿便當。（攝影－賴智揚）

地獄裡沒有炸雞腿

——不去想昨日生病的痛，也不去想未來是否復發，只有炸得酥脆的雞腿，油膩膩咬在嘴裡，才是此刻紮紮實實活著的滋味。

胖達的午餐是雞腿飯，對於一個剛脫離癌症死亡威脅的人來說，這樣的午餐有些不尋常。

今年初，他被診斷出淋巴癌第三期，歷經半年的化療，痛得生不如死，「那種痛像是有人用力踩你的骨頭，可能比生小孩還痛。」從地獄回來的男人藉由食物重返人間，因為化療期間不能喝牛奶，「上個禮拜我看完報告，身體正常了，我馬上在醫院附近買了一杯綠豆沙牛奶。」

油炸雞腿也許不太健康，但這家店是胖達的最愛，他覺得若因病而忌口，自己真的就成為永久的病人了：「現在能吃，還有味覺，真的是一件最幸福的事了。」化療期間，他也沒戒菸：「我嘴破、沒食慾，就只剩抽菸排遣心情了。」

他靠看《康熙來了》轉移痛感：「我看小甜甜、沈玉琳耍白痴，跟著笑一笑，好像就沒那麼痛了。」最有感觸的一集，是馬媽媽（藝人 Makiyo 的媽媽）癌末上節目，交代親友要好好照顧女兒，並說：「人難免一死，你們不要難過，要笑著送我走。」胖達說，這也是他的心聲。

父母在他四歲時離婚，他小二就得煮飯、洗衣，自己照顧自己。這次生病，他也一個人上醫院，一個人看報告：「我看完報告出來，給我媽打了電話，說好像是癌症耶。」開完刀當天，他就獨自下床走動；難熬的脊椎穿刺，即使痛到都叫出聲了，也不願讓媽媽擔心，要她先到醫院樓下等：「我媽知道我生病，也不哭，故意表現得很鎮定，我知道她也是怕我難過。」

胖達和媽媽相處也是這幾年的事，小學五年級之前，他和媽媽、哥哥住在三重，因為監護權在父親身上，之後搬到苗栗與父親同住。父親時常喝醉就打人，哥哥幾年後離家念書，胖達於是成了父親唯一的出氣筒。

胖達伸出左手略為歪掉的手指，即為父親酒醉後用木板打的：「大多是瘀青的小傷……隔天，我爸會很不好意思躲著我。」

胖達考高中時，終於找到機會可以上台北念書，「我爸不讓我走，他問我：『跟我住這麼痛苦嗎？』我回：『你常打人誰要跟你住？』」他是父親身邊留最久的孩子，「我相信日久生情，現在想起來，他可能也有點捨不得我離開他，可是他也不講，我也沒想那麼多……他應該也想對我好，只是不知道要用什麼方式。」

胖達直到十八歲，終於離開父親，「我簡直爽死了。」此後，他半年才回一次家：「對我來說，媽媽台北住的家才是家，每次一被打，我就打電話跟媽媽訴苦。」專科畢業那年，父親酒精中毒，一天之內就過世了。「他死了之後，我才發現，我會難過，原來我是愛他的。」

原以為只有恨的父子關係，並不是一直處於劍拔弩張的狀態，胖達說不喝酒的父親也有溫暖的一面。「我爸幫我買早餐，我會順口說謝謝爸爸，他先是裝聽不見，我多講幾次，他又會害羞地叫我不要講了快吃。」所以，每次父親打完人的隔天，都會刻意示好，問胖達要不要吃什麼，「我都很生氣回他，我要吃什麼自己買。」關係中僅存的一點點溫度也禁不起三天兩頭的暴力耗損。

「如果我爸多活幾年，我可以用大人的方式好好跟他相處，我很遺憾我們之間的關係來不及變好。」昔日的父子關係成為今日的生命態度：「每次被打完，我和爸爸都不談昨天的事，都只往前看，讓事情過去……我現在也不讓難過的事留到明天，生病的事也是如此。」

不去想昨日生病的痛，也不去想未來是否復發，只有炸得酥脆的雞腿，油膩膩咬在嘴裡，才是此刻紮紮實實活著的滋味。日子再慘，沒有食慾就抽根菸吧，身體痛

胖達今年七月剛做完化療，原本掉落的眉毛和頭髮也慢慢長回來。（攝影｜賴智揚）

了，就看《康熙來了》笑一笑。他告訴自己，病與死都不足懼，唯有把此刻開心過完才是人生硬道理。

二〇一七年九月十八日

午餐的排骨便當常讓伊醬想起念書時無憂的時光。（攝影—賴智揚）

叫我姊姊

—「喜歡我們這類的人不多，要再找到自己也喜歡的更不容易，有些男人認識你只是想跟你幹嘛幹嘛，有些是很不會說話，聊天根本聊不起來，都不知道他們在想什麼！」曾經是男人的他，此刻徹底成爲女人了，一個對男人感到困惑的女子。

成為女人之後，三十八歲的伊醬開始注意飲食，一百七十六公分的她曾經體重破百，為了愛美，太油、熱量太高、升糖指數太高的食物，她都不碰，這天午餐的排骨飯，是她少數願意違反飲食戒律的食物：「每次吃到排骨飯，就想到以前專科門口有家很好吃的排骨飯，然後就想起那段完全不用擔心，開心的日子。」

《夢蝶飛翔～伊醬姐姐紀錄片》

現在的日子也是開心，只是這個開心得來不易。目前仍是生理男性的她，穿著粉色水手服，變色雙馬尾假髮，眼窩拍滿金粉，頭髮上夾了七個蝴蝶結：「有次因為便宜，我買了一盒蝴蝶結，結果就愈戴愈多，現在滿滿一格櫃子都是蝴蝶結。」我們在新竹的購物中心拍照，她毫不顧忌他人眼光，擺出各種可愛姿勢，連警衛阿伯都出來關切了。

路人對她側目，有大媽追著她罵不要臉，她也不在乎，還自己拍了一支網路短片，放上網路，網友留言罵她醜罵她怪：「我每則留言都看了，其實沒什麼創意，罵得都差不多，我敢出來，就知道有人會罵我，無所謂了。」

「我知道我條件不好，那些長相纖細的男生，只要隨便打扮一下，照片怎麼拍都好看。」妳覺得自己醜嗎？「我並不會討厭自己的外表，我條件不好，扮成路人女生一點優勢也沒有，一樣也會有人罵我……每個人應該走自己的路，我現在的打扮是我喜歡的樣子。」與其當一個毫無特色的路人妹，不如任性照著自己的意思當個「有特色」的女子。

她任性做自己，也鼓勵他人走出框架找自己。她現在打算當YouTuber，節目內容就是邀請不同的人帶著她們平常沒有勇氣穿的奇裝異服，一起跟她穿著上街：「跟我走在街上，別人一定會看我多一點……我這樣都敢穿了，你有什麼不敢的？」

她「找自己」起步得很晚，三年前看了心理諮商後，才鼓起勇氣做自己：「我國中開始就會穿媽媽或妹妹的裙子，第一次穿就覺得好舒服、好自在。」她對這個慾望很坦然，唯一擔心的就是不能讓別人知道。她把裙子藏在櫃子的夾層，等到家中無人才把門反鎖，在房間穿裙子。

她來自一個公務員家庭，家中還有一個妹妹，「我從小沒有自己的意見，媽媽叫我穿什麼，我就穿什麼，要我幹嘛就幹嘛。」童年最典型的裝扮，是媽媽把她打扮成小紳士的模樣，脖子還會打上一個啾啾結，乖寶寶的外殼下，只有藏在櫃子裡的裙子才是最深處的自己。

大學畢業，順利在科技公司當工程師，一做十五年，關在門裡穿裙子的日子已經不能滿足她了：「我開始出門，只敢晚上出去，化妝還戴口罩。」驚心動魄地走在夜路裡，「後來，有次要跟同學見面吃飯，我想了很久，決定穿女裝去見他，出門時下意識戴了口罩……可是又想，都化妝了，還戴什麼口罩呢？」那次，她以全女裝的模樣正式見人：「同學沒有什麼負面的反應，給我很大勇氣，繼續做下去。」

從變裝到轉換性別認同是一個可慢可快的過程，「我一開始是到各種動漫場合做cosplay、扮女生……那時候我還沒準備好，或是騙自己，把cos當成一個發洩的管道。」三年前，她開始接受心理諮商，豁然開朗地接受自己想成為女人的渴望，「我沒打算做變性手術，內心對自己性別的認同才是最重要的。」

一開始，她不懂得化妝，也不知道怎麼買衣服，因為從小衣服都是媽媽買的，而男裝又尺寸單純：「我一開始買女裝不知道自己身體的尺寸，常買到不對的，我現在對身體每個地方，肩寬、腿長的數字都很清楚了。」當女人是重新認識自己身體的開始。

伊醬打扮成女性逛夜市、購物、吃飯，她在新竹有一群看動漫玩跳舞機的小粉絲，採訪的時候，有小女生見到她，就熱情過來跟她擁抱打招呼。她走路時，就像個姊

伊醬的打扮引人側目，但她不在乎別人的評論與眼光。（攝影一賴智揚）

姊牽著這群只有十多歲的「小朋友」：「前陣子，有個女生很熱情跑過來要跟我拍照，我一開始以為是網路上的粉絲認出我，結果是我妹。」

妹妹沒跟「哥哥」相認，事後也不問為何哥哥變姊姊。那張合照，妹妹笑得坦然，保持距離的支持是體貼，是為了不讓「姊姊」尷尬無措：「我覺得她算是接受我，蠻開心的……爸媽應該也知道，但他們不敢問我，我也沒打算跟他們談。」

只是生活還是有一些小小的缺憾，伊醬在念書時曾談過一次純純的戀愛，成為女人之後還沒交過男朋友：「喜歡我們這類的人不多，要再找到自己也喜歡的更不容易，有些男人認識你只是想跟你幹嘛幹嘛，有些是很不會說話，聊天根本聊不起來，都不知道他們在想什麼！」曾經是男人的他，此刻徹底成為女人了，一個對男人感到困惑的女子。

二〇一八年七月二十三日

這是Ruby幫老公準備的便當，她自己的午餐還會另炒一盤青菜一解鄉愁。（攝影｜王漢順）

媽媽說我不可以嫁

——食物和親情都具有極大的包容力，可以橫跨文化和空間的隔閡。Ruby午餐的一盤青菜可以回到千里遠的台灣，婆婆和媽媽的愛也可以超越兩個完全相異的文化。

四十一歲的Ruby長居尼泊爾，這半年為了工作短暫回台。這一天，她為我們重現她在尼泊爾的午餐：一道羊肉咖哩、一道蕃茄雞肉再配上辣蘿蔔泥和幾片生菜。「尼泊爾人飯量很大，不論男女一餐要三碗飯。」他們一日吃五餐，她的先生中午會從店裡回來，帶著愛妻便當再回去：「他大約十五分鐘就吃完了。」

他的先生Raja在一旁解釋，午餐吃得快是因為店裡有客人，不得不快。來自印度喀什米爾地區的Raja，在尼泊爾波卡拉（Pokhara）開一家賣披肩和地毯的藝品店；Ruby出生於台北，原是旅遊記者，二〇〇一年第一次到尼泊爾就愛上這個地方：「我去過很多地方，有些地方雖然會覺得不錯，下次可以再來，但尼泊爾很奇怪，我一去就覺得很自在，想住下來。」Ruby因為喜歡這個地方，時常往來兩地，短則一個月，長則近半年。

喜愛不必理由，需要的是緣份，好比她和Raja的相遇。男的來自印度，女的來自台灣，Ruby原是要幫同事買某家披肩，陰錯陽差認錯了人，卻因此促成日後良緣。

二〇一二年婚後，她長住波卡拉，舉凡台灣人護照不見、錢包掉了、生病拉肚子、臨時要開刀都會找上Ruby：「台灣在波卡拉沒有辦事處，他們google很方便就找得到我。」她於是成了另類的「台灣辦事處」了。

做這些事她是有私心的。她婚後當了幾年的全職主婦，每天除了帶小孩就是為先生及店裡的員工煮飯：「我想要做一些屬於自己的事，主婦並不是我的專業。」所以，她非常樂於幫助台灣來的旅客，聽到熟悉的台灣腔可一解鄉愁，又能讓自己覺得「有用」。

緣牽千里的異國婚姻還有很現實的考驗：「跟他交往很自在，沒有想很多，直到嫁來之後才發現有很多文化差異。」喀什米爾人是回教徒，她婚前也入教了。回教規定，女人不能單獨遠行，嫁去的第一天，婆婆就告訴她：「敬夫如敬神。」她說，丈夫不是浪漫的人，而他最浪漫的舉止就是讓Ruby做各種自己想做的事。「我剛結婚沒多久，就告訴他，我要去加德滿都採訪，他只說：那我們不要（跟媽媽）說溜嘴就好。」

最大挑戰的恐怕是每年三個月回喀什米爾省親的日子，那是一個傳統的回教地區，Ruby每天只能待在家裡：「每個人都可以走進妳房間，翻妳的衣櫥，妳幾乎沒有自己的空間。」來自台北中產家庭的她，有自己的房間，習慣自己安排生活，但回到喀什米爾，隨時都要把自己交出去，包括時間的安排：「我問明天要幾點起床幫忙？大姊都說，時間到了我再叫妳。我非常不習慣。」但後來她懂了，這是她們表達體貼的方式：「她們覺得，這種要安排事情的事，妳不用煩惱，她們幫妳煩惱就好了。」

因為是外國人，所以她在家裡有「特權」：「我每天早上起床，什麼忙也幫不上，婆婆還煮奶茶給我喝，我都很不好意思……有時候進廚房問有什麼事要幫忙，婆婆就叫我去睡覺，可是我哪有這麼多覺好睡啊。」

至於遠在台北的媽媽則是另一種狀況，Ruby的媽媽很權威，家裡一切事情都由她決定：「我們家人的相處模式是什麼事都放在心裡不說。」Ruby交往的男友從來沒帶回家過，她在家中排行老二，媽媽眼中的乖乖女，對媽媽的任何安排都逆來順受。

她交了印度男友也沒跟媽媽提過：「我不知道怎麼講，等決定要結婚了，才跟她說。」媽媽問，尼泊爾很落後吧？醫療不發達，生病怎麼辦？Ruby找各種資料說服媽媽不必擔心。媽媽就沒再說話了，她也以為媽媽認同了這場婚姻，「沒想到，我在離開台灣要去結婚的前幾天，她突然不跟我說話了。」

Ruby（右）的老公Raja是印度喀什米爾人，最近兒子的托兒所辦變裝親子派對，Ruby想不出要扮什麼，於是就和先生穿印度服裝「扮印度人」去參加派對。（攝影｜王漢順）

登機前，媽媽傳了簡訊，短短數字如刀：「我又沒答應妳嫁。」Ruby幾乎心碎了，從小的乖乖女替自己人生做了一個最大的叛逆決定，登機赴喀什米爾結婚：「我每天都很煎熬，想到媽媽不諒解的話，我是不是沒有娘家回了，回台灣要住哪裡？」嫂嫂從中調解，她告訴Ruby，媽媽其實只是擔心她過得不好，會吃苦，不是真的反對。

婚後一個月，Ruby和媽媽視訊：「我媽就好像一副沒事的樣子，自然而然接受。」媽媽只是需要時間接受女兒的叛逆而已，這一家人都習慣把愛放在心裡。不過，對這個遠道而來的女婿，丈母娘卻不吝於表示善意：「我做月子的時候，他來台灣陪我，可是信回教，吃的肉要清真認證過才行，很不方便，所以每天吃麵包，我媽就很心疼。」又比如這次回台灣，老公和兒子二個幼稚地打鬧，Ruby大聲唸了幾句，還會被媽媽責備：「他們父子在培養感情，有什麼關係。」媽媽在頂樓種菜，最近要出國了，還交代Raja要上樓看顧：「反正Raja說，他在喀什米爾家裡也有種。」

從沒下過廚的Ruby婚後才開始下廚：「這些菜都是Raja教我的，我沒想過我會做這些。」做菜也為了自己，「想家的時候，我就會炒一盤青菜，或是自己炸油蔥，加到泡麵裡面，還打一顆蛋，這樣很像台灣泡麵。」食物和親情都具有極大的包容力，可以橫跨文化和空間的隔閡。Ruby午餐的一盤青菜可以回到千里遠的台灣，婆婆和媽媽的愛也可以超越兩個完全相異的文化。

二〇一八年一月一日

陳冠州只有午餐才出門買便當，便當沒有雞腿，倒是右下角有樂高烤雞小模型，目前市價一千元。（攝影—林煒凱）

我活在馬賽克的世界裡

——「樂高是我的語言。」對他來說，要從成千上萬的樂高零件裡找到需要的顏色和形狀是最難的挑戰，但這也是成就感所在。

二十九歲的陳冠州活在一個「馬賽克」的世界，「我喜歡格子狀的東西，走路會數地上的磚塊，喜歡把東西裝在一盒一盒的箱子裡。」他的職業也跟「格子」有關，客廳有兩面牆是滿滿的格子狀抽屜，裡面放的是「格子狀」的樂高零件。一整屋子的零件價值上百萬：「小偷要偷的話也很麻煩，偷到了要先查零件編號，才能一個一個上網賣。」他是台灣唯一靠玩樂高就能維生的職業玩家，而他的生活就跟這間房子一樣都被樂高塞滿了。

他通常是中午起床，除了出門吃飯外，時間大多花在組樂高，組到出神可以徹夜未眠：「這樣太不健康，現在強迫自己晚上只能組到十點。」一般樂高玩家買的是整組的盒裝樂高，再依說明書組裝，但像陳冠州這類的專業玩家，是直接買零件，創造獨一無二的作品。

二〇一四年樂高公司委託「台灣創意積木協會」徵求具台灣特色的作品，陳冠州認為機會難得，主動爭取：「協會提供很多我平常買不到的零件，比方橘色的樂高和特殊零件。」為了一圓組裝「龍山寺」的夢想，索性辭掉紙雕燈籠設計的工作。

樂高零件並沒有專為東方建築物做的設計，為了做廟的飛簷，陳冠州找了樂高恐龍的尾巴，屋簷上的龍，則用樂高的蛇代替……所有的作品在組裝前都沒有設計圖，光靠腦海裡的想像，一磚一磚拼湊而成。之後，龍山寺作品受到注目，新工作接二連三找上他。

比如，NIKE球鞋、飲料公司找他用樂高組成公司產品做展示，電腦公司找他用樂高組桌上型電腦的外殼、單車公司找他組單車的腳踏板……不過，「我賺的錢都拿去買樂高了……」他笑說，玩樂高的成人大多是「肥宅」，因為都坐在家裡：「我現在肚子也愈來愈大了。」不出門的「肥宅」自然也沒有花錢的機會。

出生於苗栗的陳冠州從小讀書讀得很辛苦：「我可能有閱讀障礙啦，小學寫課外讀物心得，人家一學期寫好幾本，我一學期還在第一章讀不完。」舉凡跟字有關的科目全不及格，只有數學一枝獨秀：「我很喜歡幾何問題，用圖形思考，我解得超快。」他現在偶爾演講分享自己的樂高經驗，準備的 PowerPoint 多達數十張，因為他無法用文字記憶，只能靠一張一張的圖來提醒自己，如果是文字的話：「我常常看了這句話，就忘了前一句講什麼。」

童年唯一擅長的就是數學和畫畫，家裡開早餐店，他想畫畫，媽媽卻送他去補英文，「我跟我媽說，我聽不懂，她說坐在那邊，總有一天會聽懂，我坐了好幾學期，還是不懂。」考卷會寫的題目不多，索性翻過來就開始畫畫，不僅考試畫，連上課也不停在課本上塗鴉。因為每次都用鉛筆畫畫，作品只有黑白兩色，他還有了一個綽號叫：大黑白。

「我最開心就是去念了美工科，考卷打開不再是密密麻麻的字，是出一個題目要你畫。」大四那年，因為忙畢業製作，壓力很大，陳冠州為了紓壓上網買了第一組樂高：「我本來打算分幾天組裝，買到的那一天我就忍不住徹夜組完，組完我連睡覺都一直盯著作品看，覺得自己像變態。」之後就著魔了，他將每餐費用控制在三十五元，把錢省下來買樂高。

買到後來，媽媽知道了，勸不聽，派姊姊當說客：「她說爸媽開店很辛苦，不要浪費家裡的錢買『玩具』，見我講不聽，姊姊就哭了。」這個大人眼中不務正業、買「玩具」的小孩，竟然玩出名堂了。陳冠州曾經用樂高組了一隻一比一大小的梅花鹿，樂高積木都是單一色，他運用「印象派」光點的原理，做出鹿身上的漸層、立體色，這是世界首創的拼法，在樂高的論壇上受到極大討論。

他這幾年致力於創作「台灣街景」，從老街的建築到金光閃閃的檳榔攤和醜陋的鐵皮屋都成了作品，連鐵皮屋上雜亂的第四

陳冠州利用樂高自創獨一無二的台灣街景系列，圖中廟的飛簷是樂高恐龍的尾巴、屋簷上的龍則是樂高的蛇。（攝影｜林煒凱）

台線纜也擬真出現。「樂高是我的語言。」對他來說，要從成千上萬的樂高零件裡找到需要的顏色和形狀是最難的挑戰，但這也是成就感所在。

「假日女友來找我，有時候我們就坐在家裡把樂高零件分類。」對職業玩家來說，分類是一個很專業的重要步驟，而分類的方式只有自己懂。時間幾乎都花在樂高上，只有買午餐便當才會出門。桌上的便當涼了，陳冠州還沒吃一口，便當裡沒有雞腿，反而是他拔了樂高的烤雞零件向我們展示：「這隻雞現在很搶手，你不要看小小一個，現在要一千元，雞腿還可以拔起來，放在人偶手上，很可愛耶。」一沙一世界，現實世界裡冷掉的便當遠不及馬賽克世界的雞腿，看起來永遠熱呼呼的吸引人。

二〇一八年四月十六日

養鱉工作忙錄，謝育諮的午餐是調味清淡的便當。（攝影－宋岱融）

不甩中國 不吃鱉

——父母看著小女兒皮膚愈來愈黑，手愈來愈粗：「他們沒說，但還是有點捨不得我這樣吧。」……昔日那個等著嫁人的小女兒不一樣了，語氣沒有遺憾：「我想看看我可以把養鱉這個行業做到什麼地步。」

三十八歲的謝育諮沒想過，這家便當竟然一吃三十年：「這家沒有特別好吃，只是不油膩而已。」謝育諮是二代鱉農，家裡養鱉近三十年。她每天早上五點就起床開始挖鱉蛋、照料鱉的工作，在大太陽底下忙到中午，山珍海味此時嚐來都無味，午餐只求清淡，一家人吃的都是這家貌不驚人的便當。

養殖業辛苦，第二代大多不願接班，謝育諮也不例外：「我本來以為出國念書回來，就結婚生子，我爸媽也從沒開口要我接事業。」謝家只有兩個女兒，謝育諮是老么，從小受盡寵愛：「以前我一定要拉著我媽才敢出門，跟姊姊吵架，不管對錯，爸媽都會護著我。」她從小成績不好、反應慢，生活最大的娛樂就是跟狗玩，還有到養殖池看鱉。

嬌嬌女五專畢業後，跟著男友出國念書，不料男友劈腿分手，異國生活只剩她一人，人生計畫全打亂了：「我英文不好，上課聽不懂，下課又沒朋友，每天到圖書館念書，邊念邊哭。」人在異鄉，想到的卻是烈日下工作的父親，即便中暑了也得撐著身體；想到颱風天，人都站不穩了，還得要出門巡池，鐵片、樹枝就在頭上飛過。「他們這麼辛苦，我怎能輕易放棄。」

正是因為一個人，才懂得如何堅強。「我從小都笨笨地聽人安排，我也想證明，我可以做不一樣的事。」她熬夜念書，拿到學位後，回台到小公司磨練，「我不太喜歡帶朋友回家，他們一看到我家就會知道我家境不錯，覺得我在外面拿兩、三萬的薪水是出來玩的吧？」五年前，不捨父母年紀大了還辛苦操勞，她決定回家接手養鱉事業。

她接班第一步就做了重大決定：放棄鱉農慣用的抗生素等各種藥劑，打入藥檢嚴格的日本市場。結果，一整池的鱉死了八成，每天聞著鱉屍的臭味飄進這間豪華農舍：「我爸跟我大吵，但他吵不過，最後還是照我的方法。」妳不怕整池全死光嗎？「怕，當然怕，我怕死了。」她以前不信鬼神，現在為了鱉，路上有廟就拜，祈求一池的生命平安健康。她這麼拚命是逼不得已。經過一番努力，她成功打入

一般鱉農大多將鱉骨賣給中藥店當藥材，但謝育諮將鱉骨製成狗餅乾。（攝影－宋岱融）

日本，是少數不靠中國市場的台灣鱉農。八〇年代，台灣是養鱉大國，鱉肉在日本是高檔食材，台灣鱉大量銷往日本。然而，隨著養殖密度愈養愈高，易生病菌，鱉一生病就會大量死亡，於是鱉農開始投放抗生素，也因為藥物殘留，台灣鱉進不了日本。鱉農年齡老化，大多無力產業升級，只能便宜行事，改將鱉蛋賣到沒有藥檢的中國。中國市場獨大，結果反過來控制產地，一顆蛋多少錢，中國說了算。去年底，甚至不報價，等賣完再跟台灣鱉農結帳，有些鱉農不堪財務壓力，直接收攤了，「所以，我不做中國市場。」

「我很喜歡動物，小鱉破蛋衝到水裡那種景象，從小看到大，還能百看不厭。」商場上的女強人，還是有柔軟的一面，因為太喜歡動物了，她一天到晚在路上餵流浪狗，還專撿沒人要的大型犬和病狗回家照顧：「有天，我看到流浪狗在吃我家曬乾的鱉骨，突然有靈感，幹嘛不做成狗餅乾？」父母和姊姊都認為謝育諮是「沒事找事做」。

事實上，鱉骨、鱉蛋一直是寵物的營養聖品，鱉骨做成的狗餅乾意外受到歡迎，開始獲利：「我心也不大，賺的夠我幫流浪動物結紮就好了。」我們跟著謝育諮巡池，她見水鳥飛進池裡疑似要吃鱉，連忙奔向前，不是為了護鱉，而是擔心魚池上的保護網會纏住水鳥。「有時候，員工捉到老鼠，我覺得很可憐，會偷偷放走。」就連路上撿到掉落的初生蝙蝠，也會帶回家養。

父母看著小女兒皮膚愈來愈黑，手愈來愈粗：「他們沒說，但還是有點捨不得我這樣吧。」採訪時，只要一講到養殖的辛苦處，她要支開父母才肯細講。就連交往七年、一度論及婚嫁的印裔英國男友也因為養鱉事業而斷了姻緣：「他因為宗教信仰的關係，不希望我殺生、做這個。」昔日

謝育諮是第二代接班的鱉農，空閒時還四處拯救流浪狗。圖中的白狗曾被香肉店用鐵線套頭獵補，在脖子上留下很深的傷口。

（攝影｜宋岱融）

那個等著嫁人的小女兒不一樣了，語氣沒有遺憾：「我想看看我可以把養鱉這個行業做到什麼地步。」

這種不服輸的個性，大概也像鱉，咬住了就不放口。謝育諮反而解釋：「這是誤解啦，被鱉咬，把鱉放到水裡，牠為了呼吸就會鬆口了。」剛柔並濟，這是謝家小女兒在這個行業的存活之道。而桌上這個清淡無味的便當，看來她還得吃好幾年。

二〇一八年四月二日

許悔之重現他童年的便當，其中有他最愛的香腸和最討厭的紅蘿蔔。（攝影－王漢順）

華服美食皆雲煙

——他這幾年開始吃紅蘿蔔了，這次採訪身上穿的是香蕉共和國和優衣酷。紅蘿蔔、亞曼尼和寫詩對他來說，都是面對生命的一種方式。

詩人許悔之這天的午餐是童年便當的復刻版，他說：「昨天我媽聊到今天準備的便當，她交代我一定要放紅蘿蔔。」母親一輩子都不知道自己的兒子最恨的便是紅蘿蔔，「到朋友家吃飯，煮湯有紅蘿蔔我一定請對方挑掉，我自己做菜也不放。」

挑食的陰影要從童年說起，許悔之出生於

桃園觀音，父母皆務農，後來觀音鄉從農村變工業區，父母便進了工廠工作，許悔之下有一弟一妹，從小同住的還有二伯一家人，日子只能求溫飽，餘裕優雅都是奢談與妄想。

許悔之從小有假性近視，母親為了他的視力，每天便當裡必準備紅蘿蔔，若工作不忙，紅蘿蔔便切絲炒蛋；若工廠趕工，便當裡出現的是一整根未切的紅蘿蔔：「便當蒸一整天，打開全是紅蘿蔔的味道，非常可怕。」悔之心裡苦，可是悔之不說。

「家境不好但家裡還讓我去念私立中學，父母是愛我的……在這樣環境長大，你會很早就知道不要去麻煩別人，不要造成大人的困擾。」私立學校的貧富更顯而易見，別人的便當是一整條魚，上面灑薑絲或蔥花，從食物的配色和刀工，他很小就知道那是「另一個世界」的食物。「一直到很多年後，我明白紅蘿蔔是媽媽用她的方式愛我。」

人人皆謂安貧樂道，但更多時候貧困只是現實窘迫的不得已。許悔之還記得有一年大白菜的市場價格好，母親準備晚餐時，拿著一顆家裡種的白菜有些遲疑，最後捨不得吃，只摘了外層的幾片硬葉炒菜，剩下的隔天拿到市場賣錢。

「我很愛煮各種大白菜，有加蝦皮的、加魚皮的，還有奢華版的加蟹膏，煮到我都覺得很變態……我後來才意識到這是自我療癒的方法。」昔日匱乏的，今日必加倍奉還，這是他年輕時面對生命的方式。

他二十多歲時，父親被診斷出癌症，許悔之出了病房就買下生平第一套名牌西裝：

「我從小穿堂哥們留好幾手的衣服，一直立志，有天賺錢，我一定要買衣服買個痛快，直到我爸病了，意識到生命短暫，雖然薪水不多，但喜歡衣服、喜歡音樂，就要盡量享受。」他開玩笑說，從此之後：「諸法皆空自由自在了。」

諸法皆空，衣櫃反而塞得滿滿的，裡頭的西裝按品牌字母開頭可以從A排到Z、襯衫兩百多件、領帶一百多條，其中他最偏愛亞曼尼（Armani）西裝：「因為有種壓抑的美感。」他細數亞曼尼的各種灰色，各種外人無法區分辨明的細微差異。「有時候知道這款明年不出了，我就一次買五件，有時是太喜歡了，就每種顏色都帶一件。」

直到有一年，他喝醉，把一件心愛的亞曼尼外套遺留在計程車上：「我放聲大哭，但我哭的不是衣服，是美麗的東西永遠都有消失的一天，原來整櫃華服是我的人生功課啊。」陳絲如爛草，他說整櫃的衣服有十分之九是穿不到的，放著就只能看它一日一日敗壞。

他對人敏感、對美好的事物終將逝去而感傷，寫詩是他面對黑洞的出口之一：「有人說寫詩的人是為賦新辭強說愁，如果可以不寫就快樂地活下去，我也不寫啊。寫作是自我辨識和釐清我與這個世界關係的方式。」

他事隔十二年出版的新詩集，寫生活、寫社會事件：「當我在看到林冠華或是其他殉道者，我會很激動，那股衝動會驅使你去寫。」他說，世間的苦太多，文學是離苦的方式之一。

這幾年，年紀增長了，加上讀佛經的緣故，他不再迷戀華服與美食了：「人的一生是帶著各種印記在前進。自信多一點時，就會發現世間一切是幻化。你正面看

曾經熱愛名牌的許悔之，現在身上穿的都是平價服飾。（攝影｜王漢順）

人生的黑洞是功課，負面看是傷疤。」他這幾年開始吃紅蘿蔔了，這次採訪身上穿的是香蕉共和國和優衣酷。紅蘿蔔、亞曼尼和寫詩對他來說，都是面對生命的一種方式。

二〇一七年七月三十一日

陳峙維的便當都是昨夜的剩菜，但他從加熱到擺盤都不馬虎。（攝影—賴智揚）

怪食藏愛意

——青春期像是人生必發一次的水痘，病發完了就有抵抗力。父子二人現在可以好好坐下來講話，或是一起吃這道芋頭煮韭菜，雖然默默無語，卻也什麼都說盡了。

四十二歲的陳峙維是台大音樂所的兼任助理教授，這天中午他帶著便當到教職員室加熱：「微波瓦數要轉到最小，加熱七分鐘，便當菜才不會上層加熱到乾掉，下層卻又還是冷的。」掀開便當，三尾蝦子整齊排好。細看澆在飯上的滷肉汁是三層肉切成條狀細末，便當雖是昨晚的剩菜，但這些剩菜一點也不馬虎。

「我們家的房貸是老婆付的，我負責做菜、帶兩個小孩。」廚房是他的聖殿，每逢週末，陳峙維可以待上一整天：「邊做菜，邊喝啤酒，累了就躺在廚房的地板上睡一下。」陳峙維國二就會做菜，大學時上課還隨身帶了一把菜刀，菜刀不是為了砍人，是為了下課到社團辦公室做菜給大家吃。就連出國念書，這把菜刀也一直跟著他。

當家庭主夫也是一項「順勢而為」的選擇，二〇〇七年他在英國拿到博士學位後，整個台灣高等教育教職萎縮，「結婚的第一天開始，我就沒有一份穩定的工作了。」除了在大學兼任開課外，陳峙維還接一些政府標案和演講，收入時好時壞，最慘淡的時候，一個月只有兩萬兩千元。妻子在大公司一直有不錯的收入，自然而然形成男主內、女主外的分工了。

雖然參與了兒子們可貴的童年成長，「還是會擔心錢不夠用啊，不然我很想再生第三個。」此生要在台灣覓得一學術教職似乎遙遙無期，他不擔心：「我有能力接一些案子，收入也不比上班族差。」花五年念學位，不會覺得無用嗎？「念書是為了自己有興趣的事，不只是教職。」他從小對音樂有興趣，但家人反對，大學念了植物系，碩士念了會計，直到博士才有機會研究音樂。

正是因為自己繞了一大圈，陳峙維十分尊重小孩的選擇，大兒子留了一頭長髮，「常常有人在問他為什麼留長髮？他想留，為什麼不行？」帶小孩對他來說也是一門專業，大兒子學校開放家長到課堂上講故事，陳峙維可不只講故事，還編了一整套關於食物的教材。每個月講一種食材，還根據每堂課的主題編寫唱遊歌曲：「小學生的專注力只有十五分鐘，所以我陳峙維到兒子的班上當故事家長，他為每堂課的主題設計了主題曲，這一次是友善飼養的蛋雞。

要每十五分鐘變一個花樣，先是講故事，後是畫畫，再來是唱歌。」

家庭主夫的成就感就是看著小孩成長：「今天只會一數到十，但有一天突然會數到二十、數到三十。」他不在乎外界眼光，自小他就是任性而為：「我從小跟媽媽上美容院，看到女生打毛線，我也去打。」花這麼大的力氣陪伴小孩，說起來還是為了彌補自己的成長經驗。

陳峙維生於基隆，媽媽是上海人，爸爸是造船廠的工程師。上海媽媽身體不好，無法做勞力工作，大部分家務都輪到父親身上。父親每天下班，就趕回家做菜，「我爸是傳統男人，為了照顧我們，晚上都很少有應酬，可是他很凶，我超怕他。」

陳峙維學校成績很好，「升國三的暑假模擬考八次，我考七次都是全校第一名，另外一次是我遲到，一科國文沒考到，還有全校第四。」可是他蹺課、賭博、勒索、偷東西樣樣來，最後還去混幫派。他時常半夜不回家，父親三天兩頭就得到街上找他：「我看到他，轉頭就跑……幾乎一開口就會跟他吵架，可能是小時候打罵教育太嚴重，變成父子之間，很多事都沒辦法講，只會吵。」

他在國三時，已經壞到沒人治得了他，家人想替他換個環境，送他到二伯父在大甲執教的學校。之後如願考上台中一中，借住在退休的姑媽家：「台中沒人管，真是太愉快，我一點也不想回基隆。」

對青春期的他來說，學校成績得來太容易，沒有絲毫成就感，當時，他滿臉青春痘，一般高中女生看不上他，學校又沒意思，他蹺課到公園裡跟老人唱卡啦ok，唱完就和老人一起去上摸摸茶跟「大姐姐」聊天。

陳峙維是台大音樂所的兼任教師，辦公室是所上的圖書室一角，他在門口還貼了自己寫的春聯。（攝影—賴智揚）

在校外「風光」，險些走偏了路，最後出動全身是病的母親，以哀兵的姿態求他考大學：「我媽本來已經不做菜、洗衣服了，她從基隆搭車到台中幫我做這些事，我能不念書嗎？」那父親呢？「他對我很失望，我和他見面就是吵架。」

重病的母親把他拉回了正途，而與父親的關係直到上大學才改善。父子間的情感也是靠吃溝通：「台中農家有道菜是芋頭煮韭菜，這菜很少人會做，外面也很少吃得到。」這菜上海媽媽自是吃不慣，家中只有父子會吃，父親每次見他回家，都會專為他做這道菜。「說實話，這道菜不是什麼美味的菜，味道甚至有點怪，但每次我爸問我要吃什麼，我都會點這道……」這菜吃的不是美味，吃的是父親專為他而做的心意；兒子在食物裡找到撒嬌的方式，傳統威嚴的父親也在食物裡表達愛了。

現在吃這菜則是五味雜陳了，陳峙維想起自己幹盡壞事的年少歲月，還有父親為了找他，半夜在街上四處奔波的背影。青春期像是人生必發一次的水痘，病發完了就有抵抗力。父子二人現在可以好好坐下來講話，或是一起吃這道芋頭煮韭菜，雖然默默無語，卻也什麼都說盡了。

陳峙維現在有了自己的家庭，日復一日替家人做菜，他如此樂此不疲，因為他知道，兒子未來一定也會用食物記住這位父親的陪伴。

二〇一七年十月三十日

這個素食便當很下飯，徐金發配了大量白飯，好儲備體力應付下午的工作。（攝影―林俊耀）

還是想回家

——他獨來獨往看似豁達，最後仍吐露人生心願，「我已經很久沒看到兩個女兒，幾年前，她們還會來看我，現在全斷了，我都快忘記她們的樣子。」原來，吃素是爲了許願，希望能有機會再見女兒一面。

六十歲的徐金發坐在「家」裡吃著自助餐店打包回來的便當，「家」裡的廳堂擺著香爐和一尊大神像，這裡其實是萬華巷弄裡用鐵皮屋搭起來的宮廟，他不避諱稱自己是街友：「有錢人也會變街友啊，你看他們喝醉了不也是一樣睡在馬路上嗎？」

現今很多街友就如徐金發的狀況，時有

住所，時而沒有，歐盟對無家者的定義是：「居住環境困難的一群人。」包括香港的籠民、惡劣狹小環境的居住者都能歸到此類。

居住雖然困難，但是「在台北當街友，吃東西不太會有問題。」徐金發舉例，廟宇初一、十五有齋飯可吃，幾個教會固定發放便當，艋舺公園和台北火車站也不定時有便當領。後兩個地點，大多是善心人士主動發起，資源缺乏整合，有時一天能領好幾次便當：「很多人拿到便當，就先把雞腿夾走，吃不完的只好丟掉。」有沒有偏好哪裡領的便當？「對我來說，沒有好不好吃的差別，不過我最不喜歡去領教會便當，吃飯就吃飯，還要禱告。」

人性也在此刻展現，「我見過有穿著漂漂亮亮的太太從內湖搭車來領便當，這些太太一排再排，領了好幾個。」自從半年前，徐金發在果菜市場找到工作，即使工資微薄，但他堅持不再到街上領免費便當。採訪這天，適逢農曆十五，徐金發習慣吃素，這個素食便當，滿滿的蔬菜只要五十元，味道不差，因為從事勞力工作，徐金發的白飯幾乎是兩大碗的量。徐金發不怕餓肚子，只怕牙痛：「因為牙痛不像感冒會自己好，一定得花錢。」

流浪的日子雖然沒錢但自由時間多，徐金發曾環島旅行，一路睡遍台灣各大火車站：「台北車站最難睡，因為人多又擠，常有人喝酒吵架；花蓮最好睡，風景、空氣都很好。」

橋下與公園徐金發是不睡的：「很多少年仔半夜會出來打街友。」最頂級的住宿是網咖，一晚兩百元，是寒流來襲冷到受不了時的尊貴享受，不過需穿著整齊，否則店員會趕人。徐金發到網咖，一定上影音

徐金發雖然已經六十歲了，在果菜市場當搬菜工人卻不見老態。（攝影｜林俊耀）

頻道網站，一首一首反覆聽著洪榮宏等人的台語老歌，天氣好時，到公園的卡拉ok唱歌，兩首五十元，唱完拿手歌〈台北今夜冷清清〉，來賓請掌聲鼓勵。縱然生活再不順遂，娛樂休閒能讓自己覺得還活得像個人。

徐金發是台南人，家中六個兄弟姊妹排行老五，父母務農，家境不好，他小學五年級就逃學，在台南的餐廳當童工。一年後，聽人說台北繁華似錦，獨自偷搭火車到台北，之後輾轉到東門市場的餐廳工作，幾年後被大哥逮回台南。

家境差，大哥對金錢控管嚴格，徐金發受不了，又從台南逃到台北做各種粗工，退伍後結婚，回到台南老家。他原在工廠裡工作一段時間，生了大女兒，妻子與兄長又相處不睦，決定一家人搬回台北。接著，二女兒出生，經濟壓力變大，徐金發從捆工、司機到攤販做過一輪，但工作不穩，僅靠妻子養家，夫妻感情走到盡頭，兩人離婚，徐金發搬出住處，那年三十八歲。

他長達半年沒有收入，開始在街頭流浪。「一開始，我一直覺得會再找到工作，結果卻慢慢適應沒有工作的日子。」他說街頭的生活並不陌生，畢竟童年第一次來台北就經歷過了，只是要放下家人成為一個無家之人，還是不易：「過年一個人，還是會孤單……不要想這麼多，早點睡就好，不愉快的事就不要去想。」

他獨來獨往看似豁達，最後仍吐露人生心願，「我已經很久沒看到兩個女兒，幾年前，她們還會來看我，現在全斷了，我都快忘記她們的樣子。」原來，吃素是為了許願，希望能有機會再見女兒一面。為何不主動回家？他先嘆了口氣：「我也不知道她們搬去哪了，只知道還住在萬華。」

徐金發住在鐵皮搭建的宮廟裡，吃完午餐，他就要到菜市場上工了。（攝影｜林俊耀）

徐金發提起女兒就不再多說，離家多年的愧疚，要回頭修補已然不易。只是，徐金發流浪再遠，最終還是回到萬華一帶，只為了讓女兒能找到他。有些事，他始終沒忘記：「以前還沒離家時，放假我會跟老闆借車，然後載著一家人到南部玩，現在想起來是最快樂的事了。」如果有機會，會想跟女兒說什麼話嗎？徐金發表情激動，卻久久吐不出一句話。

二〇一七年四月二十四日

諶淑婷的四歲兒子因為看了《龍貓》卡通的緣故，也要求吃便當，一大一小的便當就是母子的午餐。（攝影｜陳毅偉）

痛過才會有力量

——「痛是生產的一部分，很多人以為不讓孕婦痛是疼惜女人，其實陪她走過痛的感覺才是體貼。」缺憾也是成長的一部分，只有面對它才能變得更強壯。

諶淑婷婚後，醫生說她的體質不易受孕，建議做試管嬰兒，當下她決定不生了，直接養狗：「我本來就沒特別喜歡小孩，看到別人臉書貼的嬰兒我也不按讚，別人說小孩子可愛，我都沒特別的感受。」夫妻到動物收容所領養了一隻混種犬，豆豆。

豆豆此時正躺在我們的腳下，採訪這天諶

在家生產的諶淑婷，生產陣病時，家裡的狗就在旁邊陪伴。（諶淑婷提供）

淑婷準備了自己的午餐，特別用一大一小的便當裝起來，這是她和她四歲兒子澄澄的午餐，是的，當她領養豆豆三個月後，竟然懷孕了。「我覺得這是一個天上掉下來的禮物，我要好好體驗它。」諶淑婷體驗這份禮物的方式是選擇「在家生產」。

早在農業社會，婦女大多是請「產婆」到家接生，之後醫療現代化，到醫院生產成了主流。不過，這幾年，台灣有一群產婦開始選擇請助產士到家接生，會做這樣的選擇要從台灣的生產過程說起。

台灣產婦有高達九成以上，在生產過程中被剪會陰；有三成左右的產婦是剖腹產，這是世界上少見的高比率。諶淑婷分析，在台灣是由醫生接生，為了加速生產流程，於是上述剪會陰、剖腹產比率才會這麼高。「台灣社會都會先弱化女性，把她們視為病人，剔毛、灌腸、剪會陰……過程都很不愉快。要先成為病人，才能成為母親；但在家生產，母親則被當成一個完整的人對待：「我覺得像開派對，請朋友來家陪產，我就走來走去，累了就躺一下。」她指著廁所的一個小空間說，這就是她當初產子的地方，而豆豆就陪在身邊：「痛的時候，有毛絨絨的動物在身邊真的很療癒。」

在家生產最大的風險可能是：「痛」。助產士不能施打麻醉劑，若痛到難以忍受最後仍得送醫院，「我有心理準備，有人痛了四天才生完，還好我只痛十三個小時……助產士會教你呼吸和用力的方法，事實上也沒想像中的痛。」若在醫院生產，則面臨另一種痛，因為剪會陰的緣故，生產後需要等傷口復原，「我生完後，就一個人去浴室洗澡了，隔天還拿掃把掃地，什麼事都能做了。」

做這樣的選擇，父母沒有意見嗎？「我生完才跟他們講，爸媽還以為我是來不及到醫院才不小心在家生。」諶淑婷從小就獨立，家中上有一對兄姊，「我爸媽管我們很嚴，像哥哥姊姊大學要念什麼，志願卡是我爸媽決定的。」父母經營一家小工廠，諶淑婷成長的那段時間，剛好遇到台灣產業外移的風潮，父母為了營生疲於奔命，自然也沒時間花心力在她身上。

她念新聞系、當記者都不是走在父母期待的框架裡，但人生有捨就有得，「你要說爸媽不管我，會不會覺得好像不被愛？可能也有吧，但換個角度想，我得到的自由是別人沒有的。」她原本並沒有特別愛小孩，當了媽媽之後才發現，陪小孩長大的過程其實也是跟成長的缺憾對話。

「我高中放學就要炒菜準備晚餐，家裡客廳就是工廠，假日要幫忙，最常吃的是附近的自助餐，我現在聞到自助餐的味道就很不愉快。」她每天幫兒子做便當，雖然兒子根本不必上學：「他看到龍貓裡面有吃便當的情節，他就吵著要吃。」每天中午，母子捧著便當在餐桌吃飯，腳下則是豆豆來回穿梭。

「小時候，我常撿狗回去要養，爸媽都說不行，說長大才能養。」待她工作獨立，立刻養了兩隻貓，婚後又變成三貓一狗一子的生活。日子從不擁擠與無聊，她一點一滴建構屬於自己的媽媽日常。她說到在家生產過程中的痛：「痛是生產的一部分，很多人以為不讓孕婦痛是疼惜女人，其實陪她走過痛的感覺才是體貼。」缺憾也是成長的一部分，只有面對它才能變得更強壯，她說：「成為一個有力量的媽媽之後，會更懂得如何對待小孩。」

諶淑婷家中有三貓一狗一子，家中隨時都很熱鬧。（攝影｜陳毅偉）

二〇一七年七月三日

輯三——簡單吃

一頓簡單吃食，
嚐盡生活個中滋味。

從早年拍片現在，李如麟一餐常靠一杯牛奶就打發了。（攝影—賴智揚）

只缺一個人來愛

——「我還是期待有一個老伴，年紀跟我差不多就好，醜一點沒關係，太胖我可以幫他調理身體也沒問題，我只想出門有個人陪，晚上有個人說說話而已。」

聽到快門的聲音，李如麟機靈拿起粉餅快速補妝，不假他人之手：「我都一人團隊啦，從小到大，都一個人處理所有事。」講話時，她雙手叉在大腿上，有幾分昔日著名歌仔戲小生的架勢，她曾被譽為「楊麗花接班人」。「楊姐三餐都有爸媽照顧，都吃好了才拍……我就只有一個人，沒人

李如麟的小生扮相俊美，還被喻為楊麗花的接班人。（李如麟提供）

招呼就隨便吃，又怕吃多了動作遲頓、要上廁所不方便，一整天常常只喝一杯牛奶。」

昔日的習慣，延續至今，現年六十歲的她睡眠不穩，起床時已屆黃昏，算不上早餐還是午餐，她仍是一杯牛奶打發。「我都是一個人啊，一直想要有一個家……」受訪時，她反覆提到這句話。曾經是萬人空巷歌仔戲天王，內心裡一直是一個人。

因為電視歌仔戲的沒落，她消失了二十年。兩年前，在戲迷的鼓吹下，她出了一張公益專輯。音樂大環境也不好，專輯上不了一般通路，靠臉書粉絲頁，一張一張賣。辛苦賣專輯的她其實經歷過歌仔戲最美好的年代，戲迷送黃金、鑽戒皆非罕見，還有人大手筆訂了一台兩百萬的豪華名車送她。回首過去錦衣玉食的日子，讓她百感交集的卻是一袋芒果，「我現在只要看到有人在賣芒果，再忙再趕，我都會停下來買一袋，邊吃就邊想到小時候……感觸很深啦。」

李如麟出生於南投，生父好賭，她三歲時就被送給戲班，戲班的養母也好賭，一輸錢就回來打小孩出氣。她從來沒有零食，每餐是白飯配醬瓜，五歲就上台吊鋼絲，吊在舞台上四十分鐘，只為了一顆魯蛋：「我在台上就一直盯著台下看，養母在台下用筷子插著一顆魯蛋，一下戲我就衝到台下去吃那顆魯蛋。」有次，養母突來的好心情買了一袋芒果，要李如麟挑一顆吃，這是她童年唯一的零食：「養母回家的時候，我很高興地告訴她，剛剛的芒果很好吃。」沒想到養母才剛賭輸錢，不分青紅皂白，一個巴掌就打過來。

她身邊沒有兄弟姊妹，也沒有父母疼愛，可是從不羨慕別人：「小時候也不知道正

常的家庭是什麼，每天我只擔心養母會不會輸錢又要打我，我常跑到戲班外的樹下跟月娘說話，拜託阿母回來，不要再打我，有時候還真的有靈驗。」戲班人多，只有幾床薄被，李如麟年紀小搶不到被子常半夜被冷醒，有時還要躲賭輸錢的養母回家打人：「她有時會拿戲台上的木劍追打我，像是要把我打死，我不敢回去睡，就睡在戲院的木椅下，也曾經想要逃，可是我沒有家，要逃去哪？」

即便養母待她不好，她仍感念養母的養育恩情。李如麟十四歲開始到台北野台歌仔戲團唱戲，為了演出酬勞較高的小生，每天清晨開嗓，把原本纖細嗲氣的嗓子喊破，賺來的錢全寄回給養母。甚至十七歲時，養母生病需要醫藥費，李如麟為了五千元的醫藥費嫁給一個不愛的男人，婚後生有一女，卻不堪丈夫的家暴離婚：「他們不准我跟女兒見面，這麼多年……他們住的房子還是我買的啊。」

她說自己就是傻，無依無靠，只能對養母好，「她後來逢人就說我這個女兒最孝順，完全不記得她以前打過我。」看著養母逢人就稱讚她的樣子，她也沒辦法恨了。但養母終究沒給她一個家，唱戲成名了，她想回頭找生父、生母團圓。「我以為，他們見到我會很高興，會有很多話要說……」結果生父母見面已是完全的陌生人，只有家裡需要幫忙才找上她：「九二一地震，生母打電話給每個小孩，問有沒有怎樣，每個兄弟姊妹都打了，只有忘記我。」

一直想成家，年輕時不乏好的追求對象：「有大學生來追我，可是我沒念什麼書，好條件的男人，我很自卑，覺得配不上人家。現在想起來，真傻。」曾經交往二十六年的攝影師男友始終不願意結婚、生子，最後分手了。因為一直想要有家，李如麟領養了一個女兒，為了養家，她把女兒寄放在高雄友人家，正值青春期的女

李如麟喜歡藍色，常穿藍色的衣服，戲迷知道她對顏色的偏好，曾經送他一輛水藍色的跑車。（攝影─賴智揚）

兒對母親不諒解，在外不斷惹事，騎車撞死人，最後得由母親出面：「我有時候被氣到整個人昏倒，醒過來的時候，一想到心又很痛，常有想不開的念頭。」

一個人回家，一個人吃飯，離開歌仔戲的李如麟只剩下自己了：「我很羨慕那種可以幫女兒辦嫁妝，為家人忙的感覺……」縱使到了這個年紀，她仍抱持希望：「我還是期待有一個老伴，年紀跟我差不多就好，醜一點沒關係，太胖我可以幫他調理身體也沒問題，我只想出門有個人陪，晚上有個人說說話而已。」

也許是因為童年成長的傷害，從小到大睡眠總是不安穩：「也許有伴了之後，會睡得比較好。」採訪一半，她突然想起：「你剛問我人生最快樂的事是什麼，不是唱歌仔戲，是有一年，有人送我一張進口的新床，蓋著很溫暖的蠶絲被，上面還舖了柔軟的羊毛被，整個人被包裹在裡面，好溫暖，好有安全感，那一夜睡得好好。」廣受萬人愛戴的歌仔戲明星，只是想要一個卑微溫暖的好眠。

二〇一八年四月二十四日

宋尚緯的午餐很簡單，是超商飯糰，他也曾靠買賣超商贈品賺取生活費。（攝影—林煒凱）

把人當人看 世間最珍貴

——這幾年他與母親和解、有了穩定交往的女友，人生有了牽掛，於是他明白，在這個人與人互相踐踏的世間裡，最珍貴的事無非就是把對方當人看。

二十八歲的宋尚緯比約定的時間早到，一坐下便掏出了帳本算帳，他今年三月接手了父親過世留下的生意。因為開店，所以午餐吃得不固定，有時圖方便，吃的是便利商店的握飯糰。

便利商店不僅能止飢，還是賺錢的好所在，宋尚緯曾經靠買商品集點數換贈品，再將商品和贈品轉賣賺價差，「一檔憤怒鳥杯子大概賺了二十萬。」他賺錢的日子起步得早，因為家裡窮，國中就靠打遊戲賣寶物賺零用錢。到了大學更是不眠不休，一天上線十小時，連發燒三十九度也準時上線，四年學費和生活費全靠這個技能，打遊戲簡直成了正職，上課反而是副業了。

這種能以便利商店飯糰當一餐打發的人，並不是不重視吃食，而是為了生存可以無所不用其極。這位講話透著點江湖味，動不動就說「打人」和「弄死他」的男子，有一個夢幻的專才：他是台灣新一代詩人，詩集少數能夠「再版」的作者。

宋尚緯寫作的年紀開始得早：「我很壓抑，國中寫恐怖小說，故事就是一直有人死掉，那些死掉的都是我班上同學。」因為身材的關係，同學嘲笑他，把他的桌子藏起來；老師也語帶責怪：「你媽怎麼幫你養成這樣？」他報復的方式就是讓他們在故事裡痛痛快快死一遍。

「後來我學會反擊，我很會打架，有人被我打到住院。」上了高職，因為不適應，體重到達兩百二十公斤，「我每天醒來，就覺得好累，好想去死。」站著累，躺著也累，當時是樂隊班，他因為太胖沒有制服穿，於是不能上台表演。他說，當時每天就是無意識地一直吃。

有媽媽在路上會當著他的面告誡自己的小孩：「你再吃，就會像這個哥哥這樣。」宋尚緯聽了，直接往這位媽媽的頭上打下去。「別人不是好東西，你當好東西就能活嗎？」這是他的生存哲學。

他開始寫詩：「現實生活有太多垃圾事了。」垃圾事成了他寫詩的源頭，高中得到台積電文學獎，老師建議他轉到夜校普通科，「我們班上有老阿嬤、卡車司機、酒店圍事，我跟這些人不爽就打架，相處反而輕鬆。」

夜校兩年，功課和同儕的壓力減緩，找到寫詩的出口，他的體重減輕了八十公斤，「我知道自己的胖，其實是心理的問題。」想死對他來說不是情緒性的形容詞，而是動詞，他曾爬上樓頂打算跳樓，就只差一步。

追究起來，不快樂除了胖，還有家庭：「我看過連續劇裡，小孩問爸爸：『我們家會破產嗎？』爸爸說，『不會，因為我們家沒錢可以破產。』我爸跟我講過一模一樣的話。」父親軍官退伍，到中國做生意被騙錢，返台後賣過鞋子、土窯雞及枝仔冰。

父親忙生計，持家的母親則脾氣剛烈，與宋尚緯也衝突不斷：「我小一偷我媽五十元去買東西吃，結果我媽衝到學校教室把我拉出來打，所有人都出來看⋯⋯小時候我胖被欺負，回家告狀，我媽拉我去對方家裡，當著對方家長的面賞我一巴掌，我嚇呆了。」他後來曉得，母親其實是要給對方家長難看。此後，他決定不論在外面受到任何欺負都靠自己解決。

他說自己沒什麼朋友，也不必有朋友，日子一直是靠自己獨活下來，沒人幫得了忙。因此，活著是一件很累的事：「可是，死了並沒有比較好⋯⋯我現在想通了，我想看的漫畫還沒追完，還有交往多年的女朋友會難過⋯⋯」

至於衝突不斷的母親，這幾年也和緩了，「有一年她帶我去看減肥門診，在診間就哭了，她說，很對不起把我生成這樣⋯⋯這其實不是她的錯。」這幾年他與母親和解、有了穩定交往的女友，人生也有了牽

我們回到宋尚緯念的小學，但對他來說，校園的記憶並不愉快。（攝影｜林煒凱）

掛，於是他明白，在這個人與人互相踐踏的世間裡，最珍貴的事無非就是把對方當人看。

問他當時沒寫詩的話，人生有什麼不同？

「應該早就去死了，那也沒什麼不好。」

二〇一七年九月四日

為了自籌生活費，湛址傑曾經整天只吃兩碗最便宜的泡麵。（攝影—賴智揚）

傷你的人並不恨你

——人生的難處在於，所有的愛與傷害都是複雜的，傷害你的並不是恨你；感謝說不出口，並不是不愛你。

二十八歲的湛址傑三年前考上律師，上個月才剛從台大商學研究所畢業，人人稱羨的「學霸」其實成長一路波折。他曾經整整三個月，一天都只吃一頓午餐，「我一次買一整箱泡麵，什麼都不加，一包只要七元，一次吃兩包。」餓久了就習慣，那是他剛考上東吳法律系，等著開學的日子，為了自籌念書的生活費，他每天打工十六個小時。「有次打工下班，遇上颱風，我從新竹騎車回竹南，車子都快騎不動了，我恨老天爺對我好不公平。」

湛址傑其實家境小康，父親是中油員工，母親則經營一家玩具店。母親脾氣不好，又對金錢有強大執念，兩人衝突不斷：「我小學就跟我媽吵到打架，長大後還是常吵到我媽去報警……」爭執的都是小事：貪玩晚歸，媽媽就在家貼滿大字報；湛址傑愛漂亮，花五百元剪髮、買一條一百五的洗面乳，都是大吵。考上大學，母親不願意他念私校，不僅不提供學費，連需要家長簽名的文件也拒簽；湛址傑拿著磚頭敲玩具店的玻璃櫃，要脅母親，母親不為所動，他最後把櫃子砸爛。警察來了，反過來勸母親，卻遭母親謾罵，警察只好搖頭走了。

生在如此的家庭，是無法搖頭，一走了之的。「我現在想，也不能怪我爸媽這樣，我曾經很壞，壞到他們覺得把錢花在我身上是浪費。」

湛址傑從小成績就好，但個性我行我素：「我很愛講話，國中時有次上課，老師以為又是我在講話，要我罰站，可是明明不是我。」他一再解釋，老師拿著教鞭戳他肩膀：「你再說啊、再說啊！」湛址傑一氣之下，把教鞭搶下，折斷。此後，他的惡名傳開，老師公然在課堂上要大家不要跟湛址傑往來，還辦一個活動——「寫一句話給班上最討厭的人」。

下課後湛址傑被叫到辦公室，老師把同學的紙條拿出來，滿滿全是寫給他的：「我不知道，原來大家這麼討厭我，我從此就不愛去上課了……」高中考上新竹中學，學務主任每天早自習到教室找他：「我染金髮，他要我染回去……他很愛管學生的服裝儀容，可是一個人的品性、功課好壞跟外表有什麼關係？」穿訂做制服、染髮、不穿學校外套，這些小事讓湛址傑成了校方不能容忍的壞學生。

一次為了外套的問題與教官起衝突，「我推了教官一下，被校方認定是毆打師長，差點被退學。」後來，學籍雖然保住了，他索性休學了：「念書沒意思，覺得外面的世界有趣多了。」

反正無論如何，師長都認為他是壞孩子，有了這個標籤，就別辜負了這個虛名，他休學到超商、手搖店打工，下班跟朋友喝酒飆車。幾個月後，他飆車摔傷，摔到失去記憶，想不起來事發當時的場景：「可能因為失憶，就覺得沒什麼好怕的，繼續飆。」兩週後，他在西濱公路，以時速一百多公里失速摔車，滑行了三十一公尺。警察來了，還開玩笑：「你比職棒選手盜壘還會滑啊。」同行的朋友還在嘻嘻哈哈，他仍不怕死：「我以為休息一個禮拜就可以回來走跳了。」沒想到，因為在地上滑行的緣故，他四肢關節的皮膚都被磨光了：「我躺著也痛，坐著也痛，稍微用力也痛，痛到我不敢大便，因為要用力，結果便祕了一個禮拜。」

他終於怕了。

「我想要好好念書，可是沒人相信，我要去補習，爸媽不肯給錢，我就去借。」他每天只睡四個小時，半夜三點就到學校自習，警衛還誤以為他是小偷。「每個人都等著看我笑話，希望我考不上好學校。」因為知道自己的目標是考大學，他行為收斂了：「老師偶爾還是會找麻煩，說我的服裝有問題……我懂得妥協了，甚至明明不是我犯錯的事，我也願意道歉。」

因為和老師衝撞的經驗，他決定念法律

湛址傑成長過程多波折，一路與體制碰撞，時時刻刻都像處在十字路口般的徬徨。（攝影｜賴智揚）

系，也如願考取，卻遇上母親的反對，父親則不置可否。最後，他辦了助學貸款北上念書，日子再忙、再累，他每天依舊花四個小時讀書，每學期拿書卷獎。他靠打工養活自己，三年不回家，直到大三那年，母親突然陷入憂鬱傾向。

「以前只覺得媽媽是一個脾氣不好、個性有問題的人，後來去看病，才知道她是多年的躁鬱症，沒有就醫。」生命來去走了這一遭，他修掉了脾氣稜角，多了理解他人的能力：「我以前就是屁孩，也不能怪別人。」只不過，成長的傷結痂了，還是有疤：「每次表揚的場合，我聽到別人講感謝父母，我總覺得我好像也要講這樣的話，從小到大他們確實為我傷透了心，但當我最需要他們的時候，他們卻都不在我身旁。要我說出感謝的話我還是說不出口。」

現在，只要任何表揚的場合，他會帶著母親出席：「到現場，她很愛講話，但又常沒什麼邏輯，當然有點丟臉，但沒有關係，我知道，那時候她很高興。」人生的難處在於，所有的愛與傷害都是複雜的，傷害你的並不是恨你；感謝說不出口，並不是不愛你。「我真的沒有討厭我媽……希望你不要認為她很壞。」這是衝突不斷多年的兒子，對母親最溫柔的一句話了。

二〇一八年三月十九日

王自強對食物不挑，少數下廚的時刻是為女兒煮補品，這天的午餐是便利商店的便當。（攝影—陳毅偉）

只要妳好好活著

——「像我們這種平凡小人物，終生的願望不是功成名就賺大錢，只是希望自己愛的人能好好活著而已。」

五十一歲的演員王自強有一張既熟悉又陌生的臉，路人遇到他只覺得電視上見過，嘴裡啊啊了半天叫不出名。他演了十年的戲，從蠻牛廣告裡沒睡飽的自行車老闆，演到電視劇裡為了女兒學費奔波的計程車司機。他的前額微禿，一張圓臉上長了一對細狹的雙眼，好像世間所有的歡喜悲涼全在這張臉上了。

螢幕裡的卑微世間人物，在眼前卻有一百八十公分高，聲音洪亮：「我不在乎吃，都隨便。」這天，他的午餐是便利商店買來的微波食物，當演員之前，他也常這樣隨便打理三餐。

演戲之前，他原是商界名人的隨扈，幫大老闆開車、負責維安：「我們對那些有錢人來說，就是他們花錢請來的，他們也不太管你吃了什麼，自己找空檔吃。」隨扈的午餐大多簡陋，有次王自強收到「某大哥」請吃的便當，他傻傻吃完後，才發現便當盒下墊了滿滿的現金，原來是黑道想收買隨扈，企圖綁架他的老闆，他嚇得把吃完的空便當還給「大哥」。

出身眷村的王自強從小體能好，入伍服役被選入特種部隊，這個特種部隊專門負責總統的安全工作。王自強一退伍，就被招攬負責大企業老闆的維安工作，一做十年。三十四歲，他改行做八大行業的「消防工程」：「隨扈做久了，總是會認識一些道上的人，加上維安的專業也懂一點消防線路。」消防工程風光了八年，四十二歲那年，王自強標了一件上億工程，建商卻在中途跑了。

「我是大包商，下面還有無數的小包商，有人帶著一家大小跪在地上說收不到錢就要全家死給我看。」王自強海派，錢的事他一肩扛下。他拿房子抵押，湊足五千萬償還下游包商。「付完錢後，我呆坐在客廳，我一毛都不剩。」此後，他整整一年足不出戶，每天如行屍走肉。

有一天，一個朋友突然找他拍廣告：「我想說開什麼玩笑，我又沒演過戲，但又想，反正沒事，去玩一玩也好。」原本一整年沒出門的王自強，在廣告裡演一名立委，「我還記得是在國聯飯店，排場非常大，沒想到我王自強也有這樣風光的一天。」在人生最低谷，遇到風光排場，既便只是戲，自己也被療癒了，重生的力量就這樣長了出來。

「拍完廣告隔天，覺得再消沉下去不是辦法，我又再去做隨扈。」王自強的臉像是受盡各種生活磨難的臉，但這張臉不光承接了磨難，他用詼諧的演出回擊了這個世界。他在廣告圈受到歡迎，平均一年有十支以上的廣告：「我邊拍廣告邊當隨扈，可能平常沒什麼人注意隨扈，所以也沒太多人發現我拍了廣告。」

四十二歲，他決定辭去隨扈工作，專心演戲，去年入圍了金鐘獎男配角。演戲收入不穩、事業的起伏都不是王自強最在意的事，他的心裡只有女兒。女兒出生即有先天心臟病，醫生告訴他，女兒隨時有可能因血中氧氣不足而過世，「她出生那段日子，我幾乎把一輩子眼淚全哭光了。」女兒住院，王自強每日把妻子擠好的母奶送到病房，只有在這段路上，他才敢放聲大哭，一路哭到醫院。

女兒一歲三個月時動了大手術，他守在加護病房不敢閉眼：「醫生說，如果第三天沒醒過來，人就救不回來了。我守到第二天晚上，女兒終於睜開眼，這絕對是我人生最美好的一刻。」即便手術成功，他仍對女兒掛心，每次半夜起床，都會焦急觀察女兒還有沒有呼吸。

女兒一路平安長大，剛過十八歲了，王自強沒什麼大願望：「我從小跟女兒說，書沒念好沒關係，妳只要好好活著就好了。」女兒也爭氣，一路拿獎學金，從沒做過讓父親擔心的事。

吃著已經涼掉的超商便當，王自強說，因為走過女兒的病：「我後來在路上看路人，都有很不一樣的感受，像我們這

演員王自強以喜感小人物的廣告大受歡迎，他原是專業隨扈，午餐時刻常得因地就宜，有什麼吃什麼。（攝影｜陳毅偉）

種平凡小人物，終生的願望不是功成名就賺大錢，只是希望自己愛的人能好好活著而已。」

為了讓愛的人活著，王自強費盡苦心。他怕女兒搭雲霄飛車會引發心臟舊疾，從小就對女兒灌輸雲霄飛車有多可怕，不僅如此，為了不讓女兒覺得「落單」，他還假裝怕高，一進遊樂園看到雲霄飛車就說自己光看就害怕，拉著女兒陪他。「後來，女兒長大後問我，特種部隊都會跳傘，你怎會不敢搭雲霄飛車？我聽了只能傻笑。」為了愛，硬漢也樂於當一個俗辣。

二〇一七年十一月二十日

簡單的麵線是黃家兄弟最懷念的家鄉午餐。（攝影－林煒凱）

我們的隱形爸媽

——母親愧疚自己沒能力幫助兒子的生活，她的人生都活到這把歲數，無力翻轉了，只能以僅存的一點錢跟命運賭上一把。

清燙的麵線、拌上一點花生油、撒上幾片蔥花，這是黃俊淵和黃俊棠兄弟兩人從小最常吃的午餐家鄉味，二十九歲的哥哥黃俊淵說：「每次阿嬤看我們肚子餓就會問要不要煮麵線，小時候吃到煩了，不想吃，阿嬤就生氣。」黃家兄弟來自彰化溪州，哥哥念大學就離家，小他一歲的弟弟，直到四年前退伍才到台北工作。

黃家兄弟的家庭有些不尋常，他們的父母是「隱形家人」，母親是聽障人士，父親是文盲並有情緒障礙，學校活動、畢業典禮、一般交情的同學全沒見過他們的父母，他們也不知道如何解釋父母的狀況，漸漸地就自動對外人略過。哥哥說：「小學時，老師打電話來，說要找媽媽，我說媽媽不在，直接把電話給阿嬤，明明媽媽就坐在旁邊。」父母成為隱形的家人，所有需要家長出席的學校活動，他們全勾上「不克出席」。

黃俊淵說：「阿公阿嬤幾乎就是我們的爸爸和媽媽。」母親沒學過正規手語，靠比手畫腳與親友溝通，雖然同住一個屋簷下，哥哥晚上跟阿嬤一起睡，弟弟跟爸媽一起，感情的親密也有了生疏之分。哥哥有什麼需求，都跟阿嬤講；弟弟則是家中最懂媽媽手語的人，常常負責「轉譯」媽媽的話。

父母在兄弟念小學時就失業了，一家人靠阿公種田和母親零星的家庭代工養家，不僅是經濟上的貧困，連情感也有缺憾，哥哥很羨慕堂哥堂姊：「有一個正常的家庭，可以跟父母很正常地互動。」他的夢想全都在遠方，「以前，我抱怨自己的家庭，一心想只要離開，什麼都可以不管。」黃俊淵離家後，甚少想家，半年才回家一次。

弟弟黃俊棠則是另一個極端，大學刻意選在中部，找工作也是從彰化附近找起，他說：「家裡需要有人看頭看尾，我比較擔心。」最後，找不到適合的工作，千般不願還是得上台北。他對哥哥也有些微詞：「離家念書沒有關係，可是一年才回來幾次……」哥哥到現在還不完全懂得媽媽的「手語」，弟弟有次不太高興回他：「她難道不是你媽媽嗎？為什麼有事都要透過我講？你自己不會說嗎？」哥哥聽了，只是沉默。

異鄉打拚的遊子刻意遺忘家人。有次回家，黃俊淵發現母親的牙周病嚴重，捨不得花錢看醫生，卻每期買樂透，他對媽媽的行為充滿不解。直到有天，「我接到表姊的電話，媽媽常跟她說，活著很沒意思，拖累大家，如果能早一點死掉就好了。」那一刻，他才發現「隱形家人」是如此渴望真正的消失，母親不去看牙不只為了省錢，更是自棄，認為自己不值得活。

「我以前會攔我媽買樂透，我後來才知道，她想中樂透幫我和弟弟買房子，並不是為了自己。」他說，母親愧疚自己沒能力幫助兒子的生活，她的人生都活到這把歲數，無力翻轉了，只能以僅存的一點錢跟命運賭上一把。「我被表姊的話點醒，以前真的很自私，把家裡的事都丟給弟弟……」之後，他有空就回家，陪母親聊天，甚至接她來台北住幾天：「她很可愛，雖然聽不見，但對任何事情都充滿好奇心。」

至於，母親的一口爛牙：「我跟她說，妳不去看醫生，以後變嚴重要花更多錢，會拖累我們……還有俊棠要結婚了，妳牙齒弄好，是不是比較有面子？」母親被說服了，決定去看醫生。黃俊淵把「拖累」變成家人的情感連繫了。

而情緒表達障礙的父親，有時任性起來根本就像個孩子，吵著要阿公買機車，阿公不願意，父親就不吃飯，甚至離家出走。黃俊淵說：「我從小就不滿意，爸爸為什麼不去找工作，扛起這個家？後來，我才知道，他其實一直在找工作，但一直碰壁，並不是不努力。」

如今，黃家兄弟都大了，他們兩、三週就回鄉一次，不擅言辭表達的父親一直呆坐在客廳，弟弟說：「他看我們回來很高興，想跟我們聊天，但又不知能聊什麼，只好一直坐在那邊。」哥哥說，有次看到父親的手機桌面是一張合照，那是這幾年

黃俊淵（右）與黃俊棠（左）兄弟有一個特別的家庭，但他們以不同的方式面對生命的挑戰。（攝影－林煒凱）

全家出遊拍下的唯一一張全家福。

不過，現在回家不見得能吃到麵線了，哥哥說：「媽媽看我們回來，會煮一整桌菜，你只要說哪道菜好吃，之後每次都會煮一大堆，我本來會說她浪費，但算了，那是她愛我們的方式。」現在和弟弟偶爾在租屋處煮麵線當午餐，過去他嫌清淡無味，現在吃來都有滋有味了。「我不覺得我們兄弟過得多辛苦，我們一直有阿公阿嬤的照顧，爸媽其實很愛我們，雖然我們長大後才比較懂，但我真的不覺得我們有少了什麼。」

二〇一七年十二月十一日

這是陳易成診所一貓一人的午餐，他主張飲食簡單，他吃的是沙拉，左手邊則是阿蝦午餐吃的乾飼料。（攝影｜陳毅偉）

生與死都艱難

——生與死都是掙扎，生命可以很簡單，一盤沙拉，一碗貓飼料就是一餐，活得健康，但生命不只是如何活下來的問題。生命要以何種方式離開，及生命消逝後人們的調適問題，又是另一道難題的開始。

四十五歲的獸醫陳易成，午餐通常是一盤沙拉，他在診所養了一隻十三歲的老貓阿蝦，阿蝦的午餐則是一碗乾飼料。「養動物要放鬆心情，主人放鬆，動物也就放鬆，可是台灣飼主常把人和動物都養得很緊張。」好比吃食，簡單就好，不必大費周章，人和貓都是如此。

台灣人養寵物常常發展成「宗教式」的信仰，陳易成說：「有人很著執要讓貓吃鮮食，認為這樣才最健康，如果愈原始的食物愈健康，你是不是應該直接餵貓吃活老鼠？」現代人與寵物的健康困境很類似：「寵物活動力不足，若年紀又大，過多的鮮肉是身體負擔，我養過十三隻貓，全吃乾飼料，每隻都活到十多歲。」主人對貓鮮食的執著，反映的是現代人對「人工化」生活的焦慮，好像天天待在家的貓狗，吃了鮮食就能變成草原上奔跑的豹了。

陳易成從小就喜歡動物，國中時養了二十多隻天竺鼠，大學偷養流浪狗。有一次獸醫院外，一輛運送鴨子的貨車，掉下一隻公鴨，陳易成救了牠並治療其外傷，三個月後公鴨痊癒了，陳易成把牠送給鄉下的朋友，還買了兩隻母鴨給牠當女朋友，安養天年。

行醫十三年來，他前後養過十三隻貓，只有阿蝦是健康的貓，其他全是行醫過程中搶救回來的，譬如有隻三週大的小貓有半邊的肺失去功能，在氧氣箱住了三個月：「我跟主人說，算了啦，繼續住下去要好幾萬，你把貓給我吧。」每隻貓的醫療費用幾乎都可以買一台轎車，「這些主人不見得付得出來，而克服這些難纏的病痛，讓我很有成就感，錢的問題已經不重要了。」所以，陳易成最大的財富就是家裡的這十二台車了（只有阿蝦還沒花到醫藥費）。

台灣寵物隨著豢養環境改善，壽命也跟著延長，癌症和各種老年病症因而愈來愈多，甚至已有寵物洗腎服務。陳易成見過有的獸醫放不下自己的寵物，堅持救到最後一刻，結果是活生生看著自己的寵物慘死在手術檯上。

救與不救都是艱難的事。陳易成曾有個客戶養了一隻脾氣不好、會咬女主人的老貓，有次老貓尿道生病，其實只要動手術、照料一段時間就能恢復，但女主人執意將貓安樂死：「有一些例子我覺得明明有機會可以救的，可是主人不願意，執行完安樂死之後，我會非常非常難過。」

難道不能拒絕嗎？「有些動物是手術做到一半，主人才決定要安樂死，我不能把傷口縫回去，然後住院養傷，再叫他送去別的地方安樂死，這樣主人也不願意。」即使已經執業超過十三年，安樂死仍是陳易成最掙扎的事：「你是來救牠們的，可是卻要做完全相反的事，你會自我懷疑，這很不好受。」

美國獸醫界曾統計，美國獸醫的自殺率高於一般醫生，甚至是一般人的四到六倍，學界認為除了因為獸醫時常要面對執行安樂死的壓力之外，過度頻繁遇到生死問題，也使獸醫更容易跨過自殺的那條線。

「這麼多年了，我遇過很多動物的生死，開始也會把死亡看成生命中常見的事。」生與死都是掙扎，生命可以很簡單，一盤沙拉，一碗貓飼料就是一餐，活得健康，但生命不只是如何活下來的問題。生命要以何種方式離開，及生命消逝後人們的調適問題，又是另一道難題的開始。

陳易成家裡有許多醫院救回來的病貓，只有診所裡的「阿蝦」是「無病領養」。（攝影｜陳毅偉）

二〇一七年三月十三日

午餐只有麵包和咖啡的謝凱特餵貓吃的是鮮肉。
（攝影—陳毅偉）

遺產全給牠

——「我很幸運，人生唯一掛念的只有這十二隻貓。」她今年五十一歲，擔心貓活得比她久，連後事都想好了，十二隻貓要分別囑託誰照顧，並把保險金分給照顧貓的朋友。

謝凱特起得晚，下午三點才吃第一餐，她常得半夜出門餵流浪貓，家裡十二隻貓，大部分是路邊撿來的。這兩年，她不再餵了：「餵久了，會有牽掛，就會想帶回來，我不能再養了，所以乾脆不餵。」

她說服自己，已有接手的愛心媽媽，街貓不再挨餓。她刻意不問那些貓過得好不好，怕一問，情感又有了牽絆：「我們這種愛心媽媽都是這樣啦，只要天一冷，就會想到牠們在寒夜裡等妳去餵，一這樣想就受不了。」

謝凱特的早午餐是一碟麵包和一杯咖啡，貓吃的是她親手做的肉泥，人道飼養的雞肉加上一點魚肉及調配過的營養品。一般的貓吃的是乾飼料，謝凱特堅持餵貓吃生肉，為了調配食譜，她還特別查了國外的文獻並向國外的專家請教。她把所有的心得翻譯成中文放在網站上，成為許多養貓人的餵食指南。

會這麼大費周章準備貓食，是因為五年前，她的貓因腎衰竭過世，當時她常常一想到貓就倒在沙發上哭。為了療傷，她將過世的貓刺在手臂上，「這樣牠就跟我一直在一起了。」她查遍資料，認為是乾飼料的成分有問題，於是收集各種國外專做給貓吃的食譜。

她未婚、沒小孩，媽媽跟姊姊同住：「我很幸運，人生唯一掛念的只有這十二隻貓。」她今年五十一歲，擔心貓活得比她久，連後事都想好了，十二隻貓要分別囑託誰照顧，並把保險金分給照顧貓的朋友。

「跟貓相處比人容易多了。」她說自己自私，不想為他人改變，愛情如此，友情亦是，「我以前在公司上班，絕不參加同事聚會，老闆拜託也沒用。」如今她開英文家教班已十一年，生活除了學生，也沒別人了，雖然主持台灣最大的貓鮮食網路社群，她也不跟網友來往——看似孤傲的人，通常才是最心軟的人。

謝凱特生於台北，父親是富二代，在謝凱特還念小學時，就已經敗光家產，「我爸知道我心軟，家裡四個小孩就只帶我去跟親戚借錢，然後由我開口……我長大之

謝凱特的生活充滿貓的痕跡。（攝影｜陳毅偉）

後，最討厭開口求人。」父親沒上過一天班，卻每天早出晚歸，借人頭讓朋友開公司，欠了債，靠妻子四處幫人煮飯償債。

為了還債，一家人借住親戚家看人臉色，也擠過陰暗的地下室：「我會想，是爸爸讓我們過這樣的日子，會想怪他……」對父親理應是恨，卻成了懊悔。父親在她大學畢業那年猝死：「那幾年，我不斷夢見我爸，覺得自己怎麼對他這麼壞，我們之間來不及……」問她與父親溫暖的回憶，她連答了兩次：「沒有。」

「後來，我想通了。」心軟的人總是跟自己過不去，「我以前也幾度試著想對爸爸好，可是每次他都故態復萌，把事情搞砸。」兒女伸出援手，父親拿錢喝酒，在外惹事；女兒找他說話，他卻數落媽媽的不是，「我有試著對他好，這樣就夠了。」

這個不與人往來，說自己自私的女子，幾乎把所有都給了貓。因為研究貓鮮食，追溯肉的來源，她發現人工飼養的雞從生到死都被關在一個小籠子裡，「我不能只關心我的貓，怕牠生病，卻容忍別人這樣殘忍對待雞。」她的貓食用的都是人道飼養的動物；至於自己，因為無法探究所有肉的來源，她索性就吃素了。

她不做菜，卻為貓下廚，冰箱塞滿給貓吃的肉：「我沒有小孩，開始做貓食之後，我懂了為何一些媽媽總在冰箱堆滿食物，因為這樣才有安全感，小孩餓的時候才有東西吃。」成長過程裡，父親在外玩樂，母親忙著賺錢養家，她在缺乏疼愛的日子裡成長：「生命是一個不請自來的禮物，我常覺得自己是父母一時衝動下的產物，你沒辦法選擇。」

令她少數感受到愛的一刻是：「我念夜校，半工半讀，每天都很累，回家不論多晚，媽媽都會在電鍋裡留一份宵夜。」只

謝凱特把過世的貓以刺青的方式刺在手臂上紀念。（攝影｜陳毅偉）

要有這樣的一刻，就能讓自己走下去。這和多年後，她遇到的街貓一樣，無論街頭生活多麼艱困，只要有她出現的那一刻，絕望的生活就有了撐下去的微光，然而那一點點的微光會反噬心軟之人，將自己燒盡，所以必須自私。

二〇一七年六月十九日

阮慶岳不喜歡做家事，但為了生活還是偶爾下廚，
這天午餐是蘿蔔餛飩湯配烤麵包。
（攝影－林煒凱）

如何可以不孤獨

——「這很像宗教朝聖的過程，你一生沒見到上帝，但仍不斷每天祈禱，這種愛是不求回報，只要單方面就完成了愛。」

六十歲的小說家阮慶岳午餐很清淡，一鍋蘿蔔餛飩湯配上幾個烤過的麵包，「我對做這些家事沒什麼興趣，總覺得浪費時間。」他日子過得清淡，整個世界只有他自己，「我從小一個人自在，不喜歡社交生活，對親情、人際關係都看得很淡。」他甚至連過年都一個人，不麻煩他人。

阮慶岳有一本筆記本，隨時把看到、想到的句子抄在裡面，以免忘記。（攝影－林煒凱）

他同時也是台灣著名的建築師，這幾年以小說創作為主。本應理性、對數字敏感的建築師和我們約訪時，卻報錯了電話和地址：「我背不住任何事，電話只記得自己的手機和市內電話（但還是會記錯）。」出國一個月，回來就忘記ATM的密碼。執業當建築師時，他甚至在電話前抄了幾個重要、不能得罪的客戶名字和個人資料：「這樣接電話時，我才能看小抄馬上想起來是誰。」

十歲之前，他是過目不忘的神童。父母都是隨國民黨來台的外省人，父親是公務員，被派駐在屏東潮州。家中有六個小孩，必須會吵會爭才有糖吃，排行第四的阮慶岳是家中最沉默的小孩。小時候曾患重病，醫生交代父母回去準備喪事了，沒想到換了一家醫院後，證明是誤診，阮慶岳康復後，父親很高興，問他想要什麼？他只答：「我要書，很多的書。」

問他童年最快樂的時光是什麼？「大概就是一個人看書的時候，我也會和朋友一起玩，但那是為了不讓自己看起來很奇怪，強迫自己去參加。」十歲時，因父親工作的關係，舉家搬到台北，他更孤絕了。小學念的是「女師附小」，裡面大多是高級公務員的子女，他發現自己的國語永遠發不出漂亮的捲舌音。在彼時外省菁英聚集的金山街住了一整年，他只記得鄰居家高聳的紅磚牆，沒有認識任何人。

「那時候適應不良，一直覺得自己是外人，這種困擾不知道怎麼說，也不知道跟誰說，從搬來台北之後，我就沒辦法背任何數字和課文。」他變得更沉默，善忘是孤獨的後遺症。

孤自一人的世界，在四年前闖入一名女子。這名女粉絲每週固定發 email 給他，信中充滿愛意，明明互不相識的兩人，女子卻在信中編織許多夢幻的未來規劃：「我開始有點害怕她會做什麼激烈的事，不敢做任何回應。」過激瘋狂的讀者是難以預料的：社會新聞裡曾出現過幻想症的女讀者持球棒攻擊男作家，或是茱蒂・佛斯特的瘋狂粉絲為了吸引偶像的注意而暗殺雷根。

阮慶岳也害怕這樣的事情發生在自己的身上，神祕女粉絲慢慢在信中透露許多自己的生活細節，還寄了照片來。女子約五十歲左右，在親戚的公司任會計，單身未婚，與兄嫂同住。「每次公開的講座、演講我都會特別小心，我看到她遠遠坐在角落，沒有什麼特殊的舉動……」

他決定把這個故事寫成小說《神祕女子》，在寫作的過程裡思考這件荒唐事的解答。他說，原本把神祕女子當成惡人，以文字當武器消解她，但寫作過程中，不斷思考後卻發現應該用另一個角度看待這件事：「這很像宗教朝聖的過程，你一生沒見到上帝，但仍不斷每天祈禱，這種愛是不求回報，只要單方面就完成了愛。」

每週寫信，持續至今已四年，「我都沒有這種毅力，想到後來，我都有點佩服她了。」而只有孤獨的人才能理解這種徹底孤獨的行為，「她一直相信，她愛一個人，而這個人也愛她，即便沒有回應。一輩子下去，也沒什麼不好。」他想起自己年輕時，也曾為了感情「想得而不可得」所苦，「但想想，得不到也許是好的，那時候那麼想要得到的感情，其實是自己缺陷的投射。」各種扭曲的愛都是自我情感缺陷的投射。

採訪尾聲時，他說起相伴八年的老貓威妹去年走了：「我再也不會養貓了……我甚至也不參加喪禮了。」孤絕之人才是最有情，貓走了一陣子，房間一角還是擺著牠

阮慶岳獨居在台北，住處極具特色。（攝影｜林煒凱）

睡過的紙箱，天冷的時候，他總會忍不住想起這隻脾氣不好的老貓——孤獨的小說家除了書，還曾經有貓。

一個人如何可以不孤單？你可以讀書、你可以養貓、你也可以熱愛你一輩子沒見過的上帝、你還可以幻想一個人愛你，並持續寫信給他。日子是如此孤冷，我們在不求回報的自我幻覺裡，告訴自己：貓、上帝、愛人都是愛我的，於是得到走下去的勇氣。這天的午餐，看似平淡的湯，因為幾滴濃烈的醋，平淡都變得有滋有味了。

二〇一八年一月十五日

由於憂鬱症胃口差，陳妙婷的午餐是一小塊巧克力麵包與一杯水。（攝影—賴智揚）

我還能夠哭

——「我只要每天醒來能看到自己心愛的人就好……我發現，我躺在他身上睡覺的感覺，就像我爸還沒吸毒坐牢時，我睡在他身上的感覺。」她說，自己不懂得愛人，只擔心愛會像父親一樣有消逝的一天。

下午四點，二十一歲的陳妙婷才剛醒來，準備吃「午餐」：「我每天晚上睡不著，直到天亮了才睡。」醒時總是面對黑夜，這也像是她最近生活的隱喻：「我一個月前被診斷有憂鬱症，莫名其妙想哭，不能說話……我像掉到漩渦裡，爬不出來。」

她出道「成名作」是二〇一四年的台北市

長大選，她和朋友在公車上噴漆：「別讓勝文不開心。」之後撕國旗、到南故宮對獸首潑漆……宛若新一代台獨女戰士。女戰士今天不說台獨了，她的午餐是一小塊巧克力麵包，配上一杯白開水，她說憂鬱症胃口差，麵包是為了讓胃墊底，好可以喝咖啡。前男友愛喝咖啡，她靠咖啡懷念愛情。

前男友是巡山員，喜歡大自然，會對樹說話，大半時間在野外巡邏，「他勾起我最深層的恐懼，可能也是我生病的原因。」這個恐懼與愛有關。

看似無所懼的陳妙婷出生於苗栗，父親在他小學二年級時因吸毒入獄，留下上千萬的賭債，母親除了還債，還要養她和哥哥，「老師問我媽媽在做什麼，我都說做轉口貿易啊……把東南亞的毒品轉賣到其他國家。」她把販毒講得像一則笑話，好讓事情聽起來不那麼沉重。因為媽媽在外「做買賣」，她和哥哥從小在不同的親戚家長大：「我外婆愛簽六合彩，一天到晚跟我媽要錢，有時候媽媽的生活費晚匯，我就被外婆趕到外面，不能回家。」寄人籬下，得要看人臉色，親戚在兄妹面前毫不遮掩算計他們這個月又花了多少錢：「有時候連早餐買個蛋餅的錢我都沒有，只能餓肚子等中午學校的營養午餐。」

物質的困頓比不上情感的剝奪，小學五年級那年，陳妙婷的父親出獄了，她以為是一家團圓的時刻，一家四口在外租了一間小套房。有天父親回家，向她要錢：「我媽知道他有毒癮，會把錢藏在我這裡，我知道他癮又犯了，錢不給他，他把我捉起來打，甩在沙發上揍，我一度以為我要被打死了，而且是被我最愛的人打死。」回家的父親並沒有讓一切回到過去，繼續毒海沉浮最終失去連絡，一家人相聚不到兩個月，陳妙婷和哥哥繼續回去投靠親戚，她國三那年，母親因販毒被通緝，逃亡海外，家又散了。「我曾經恨過媽媽，因為她，我在學校被同學霸凌，在家要看親戚臉色。」有次，逃亡的母親和陳妙婷在國外相聚，「我發現她住的很破爛，過得也很慘，一個女人遇到這樣的家庭狀況，她能做什麼？我現在覺得，她能把我和哥哥養大就很不容易了。」

而缺席的父親則成了她情感上的一道疤，有任男友帶著她做台獨運動，潑漆、燒毀國旗，那任男友大他十多歲，她像一個急著想獲得父親肯定的小女孩，街頭運動比任何人都衝，還要定時投稿媒體發表時事評論、到各地演說，好符合那個男人的期待。

「我當然支持台獨，可是，有時候會想，站在舞台上之外，還要跟不同的人社交，有多少成分是我自己想要的？」直到遇見這位巡山員男友，她才發現戀愛並不是把自己揉捏成對方期待的樣子，「我只要每天醒來能看到自己心愛的人就好……我發現，我躺在他身上睡覺的感覺，就像我爸還沒吸毒坐牢時，我睡在他身上的感覺。」她說，自己不懂得愛人，只擔心愛會像父親一樣有消逝的一天。

一個月前，陳妙婷突然沒來由地哭泣、沮喪，連拿一杯水的力氣也沒有，「我先是怪男友不夠愛我，沒有陪我，我才會這樣，後來才發現，這是憂鬱症。」在她反覆發病的過程，男友不堪情緒折磨而分手了。「我以前交男友，是一個接一個，沒有空檔，因為我沒辦法一個人，我在找各種依賴，這很不健康。」

她最近打算從大學休學，搬回苗栗母親留下來的空房子：「我要練習面對我自己。很多人問我，為什麼沒有再談台獨了？我

歷經幾場愛情之後，陳妙婷才發現戀愛並不是把自己揉捏成對方期待的樣子。（攝影｜賴智揚）

還是支持台獨，但先讓我整理好自己，不然台獨和談戀愛對我來說，又只是另一個擋箭牌而已。」每天下午，她坐在咖啡店裡吃「午餐」，吃著吃著就落淚，但她說：「這是正常能量釋放，若幾天壓抑不哭，之後情緒爆發很可怕，我現在不怕示弱了。」

二〇一七年六月十二日

即使性技巧過人，仍要健身累積身體資本，徐豪謙的午餐是蛋白質充足的健身餐。

（攝影－林俊耀）

幹不出愛

——愛一個人，是因爲對方在你眼中是獨特的，如果只有性愛，再爽再強也幹不出愛來。

去年四月至今，徐豪謙已經有近三百個學生，他的正職是清華大學社會所碩士生，別人打工兼家教是教教英文、數學、理化，他兼差教的是「口交」與「肛交」。這本來只是和情趣用品公司合作的行銷案，沒想到開課之後反應好，便一路開到現在。

第一次開「口交課」，十五位學生，近一半是女性。上課時，雖有裸體的男模特兒躺在床上，但教學是學生自己含手指練習：「有時候，我也會含學生的手指讓他們感受如何用力。」上課的學生最期待學會「深喉嚨」：「這招很不合理，不可能是最爽的。」徐豪謙用科學的角度解釋，口交的快感來自嘴對陰莖的擠壓與磨擦，「深喉嚨只有喉頭跟龜頭接觸，面積小，很難有擠壓和摩擦，爽度也有限。」

口交課反應好，後來又開辦肛交課，上課的學生以男同志居多，但還是來了兩個女生：「他們想回去開發男友的肛門，現在愈來愈多異性戀也會玩這個。」肛交課一樣也有男模特兒在台上，學員可以用食指探索前列腺的位子，因為現場氣氛很冷靜，「摸的時間很短，不會讓人有荒淫的聯想。」

他說，肛交有難度，因為「一個沒肛交過的肛門，很難第一次就有快感，肛門的肌肉需要一段時間的調教。」他以自己為例，十五歲開始肛交直到十七歲才懂得肛交的快感。男同志追求的「被幹到射」也是一種迷思：「有時候只是不小心流出來而已……男人的射精只是最後儀式，重點是過程，前列腺有被刺激就可以了，不必一定要被幹到射。」至於男人最在乎的長短問題，「以肛交來說，長短不重要，硬度比較重要，頂到才會有感覺。」

滿嘴性愛的專家打開午餐便當，是煎牛排和燙花椰菜，一點也不「威猛獵奇」，「這是我的健身餐，要注意蛋白質。」性技巧不是一切，也要顧及到自己的「身體資本」。「有學生說一直單身，想來上課把技巧練好，比較好交男友，這是錯誤期待，我這麼會做，也已經單身三年了。」

他擅於獨處——徐豪謙的母親早逝，父親為了還外婆欠下的賭債，每天兼兩份工作，只睡四小時，也許相處的時間少，一家人情感疏遠。高中時，徐豪謙抗議台北市教育局禁止高中生成立同志社團，而他是社團召集人所以出面對媒體發言，「回家的路上，有點擔心家人認出來，結果回去之後，沒有人注意這則新聞……我沒想過出櫃，沒必要。」

家人關係淡陌，反而是性生活十分精采，十五歲就有性經驗，十八歲開始走跳三溫暖，大學時住校更自由了，約砲不斷：「期末考試壓力很大，我就特別想做。」雖然只有二十六歲，他卻很自豪：「有人會特地從台南來新竹找我做，我的陰莖也只是一般尺寸，有拉丁人會特別來找我，說我技術比別人好。」

徐豪謙曾企圖想跟心儀的砲友交往：「我想約他出來走走，他卻總是問我們要去哪打砲？在他眼中，我只是一個會走路的性器官吧。」愛一個人，是因為對方在你眼中是獨特的，如果只有性愛，再爽再強也幹不出愛來。性技強人最念念不忘的對象也和性無關，那是他高中時交往的對象，兩人都在準備大學學測，一起到K書中心念書，一起趴在桌上午睡，醒來偷偷接吻，每天傳紙條，「我們沒做過幾次，可是那時候的愛情好純粹。」

徐豪謙拿偶像劇為例，愛情發生時通常是女主角受難，男主角伸出援手，於是產生有溫暖的愛意：「愛情就是兩個弱者互相取暖，人長大了，變堅強了，愛情就沒那麼容易了。」愛情是奢侈品，看到別人拿在手上會羨慕，「但沒有愛情，人生也不算是什麼缺憾。」

過得活色生香的男孩最不寂寞，也最寂寞，「我現在很少遇到真的比我會做的人，那種欲仙欲死的經驗很久沒有了……

徐豪謙性經驗豐富，開了一連串的口交課與肛交課。（攝影｜林俊耀）

每次我都會分心，覺得對方這裡做得不夠好，哪裡還可以再加強。」才二十六歲就看盡一切，該不會之後就出家了吧？「我還是會做愛，以備課的心情去做。」這樣做愛不是太無聊了？「如果沒有這個目的，那就更無聊了。」

人生看得太透徹有時候很像這道午餐，牛排燙花椰菜簡單又營養，只是看起來有點荒涼而已。

二〇一八年一月八日

丁豪的午餐是大賣場的熱狗堡，他公司的桌上有許多公仔玩偶。（攝影—林俊耀）

只有好笑最真實

——「每個政治人物出糗、說幹話的時候，我們都很高興，網友是嗜血的，我當然也嗜血，誰犯錯我都開心，你對每個政治人物都負能量，你就能做到最高境界了，你自己支持誰完全不重要了。」網民看似在乎眞實，但更在乎好不好笑。

二十八歲的丁豪，午餐是美式大賣場的熱狗堡，只是買回來時，已壓得血肉模糊了：「沒關係啦，現實就是這麼殘酷，什麼都爛成一團。」正因為現實就是這麼殘酷，社會充滿負能量：「這個社會就是想看你罵人，想看真實的東西，今天如果你用華美的辭藻描寫天氣，人家覺得你假，不如寫：『今天靠杯熱，幹。』人家就覺得你很真。」

丁豪是「老天鵝娛樂」的老闆，前陣子瘋狂轉載的「政客撩妹語錄」便是出自他，不定期出刊的嘲諷時事「快報」非常有「狂新聞」的風格，因為狂新聞也是他一手打造出來的。

「那個是賽到啦。」丁豪平常愛看政治節目，喜歡聽相聲和脫口秀，狂新聞是誤打誤撞亂搞出來的：「你說網路趨勢什麼的，每個人都知道要做影片啊，我還知道現在要做抖音、要買比特幣咧，趨勢大家都知道，只是缺一個對的產品。」卡提諾原本只是「內容農場」，因為丁豪的影片一砲而紅，公司待他也不薄，給予獎金分紅，外傳他的月收入一度有六位數。

去年年中，丁豪不想製作置入性節目「政客日常」，離開狂新聞：「我不接政治人物的業配，要站在政治人物同一邊去娛樂大眾，我做不到。」問他，會給政治人物什麼網路經營的建議？「一點一點慢慢改，好比高腰褲換一下啦……重點是要花錢找團隊，像姚文智的團隊，是不是只花五元找的？」

姚文智簡直就要成為老天鵝娛樂的吉祥物了，三天兩頭被做成哏圖和影片嘲笑，連採訪中，丁豪也不時拿來當笑哏：「我不是特別對誰有意見，但你說這個時候笑連勝文有意思嗎？丁守中又隱形人，柯文哲也沒失言，我不笑姚文智，說得過去嗎？」隱形人也要正常能量釋放，採訪隔週，丁守中失言，擠下姚文智成了老天鵝的紅牌。

罵政客白痴、智障，丁豪卻從沒被告過：「真的，他們有他們的格局嘛，來告我，萬一法院判我贏了，那他們豈不是成了法院認證的白痴、智障了嗎？」比起擔心被告，他更在意的是在網路上站對風向，所以丁豪平時都在關注網民在罵誰。

他笑政治人物白痴，也笑自己是爛泥、草莓族，他出生於台北，來自軍人家庭，有三個弟妹，弟妹從小功課優秀，唯獨他從小就不正經。父親私下愛罵柯文哲，但對丁豪的學業和工作完全沒意見：「大概從小他就知道我不是念書的料，給我很大的空間。」父親還常常在臉書上和丁豪你來我往嘴砲，甚至有網友鼓吹「丁爸」要不要出道算了。

至於學校，「老師都懶得體罰我，有一種學生是打了有用，會念書，有一種是打了沒用，是爛泥，我就是這種。」老師索性每天開放十分鐘讓丁豪上台講笑話給同學聽：「我從小就覺得自己很厲害，雖然我也不知道自己自信哪來的。」大概也要有足夠的自信，才能如此任性而為：他高中缺課太多被退學，同等學歷考上了大學，念不到一學期覺得沒興趣，乾脆休學去當兵，「所以，我的學歷只有國中畢業。」

退伍之後，他到親戚在印尼開的家具工廠當「台幹」，每天在三十度的工廠裡工作，晚上十點才下班：「那時候有點迷茫，不知道自己能幹嘛，每天都在打混，但那個地方連打混都很累。」每週只休一天，他躲在辦公室上網，做搞笑影片：「我做了幾支希特勒電影重新配旁白的，在網路很受歡迎。」

在印尼待了兩年，他決定回台灣。卡提諾論壇的老闆看過他的搞笑影片，找他進公司。丁豪一開始被要求抄各種網路內容吸引流量，但他堅持自創：「別人抄來的垃圾或者女明星露個奶就好幾十萬的流量，我想得半死的搞笑文章，只有三百人看。」你自己寫的就不是垃圾嗎？「至少是自己喜歡、自己做的垃圾啊。」

丁豪自稱是不帥的胖子，認為露臉百害無一益，堅持以公司 logo 遮臉。右邊的「我很機掰」是他出遊時，在書法攤請人寫的。

（攝影｜林俊耀）

之後狂新聞成功，成千上萬的粉絲在週末的晚上「敲碗」等作品上線：「能讓這麼多人笑是一件多不容易的事啊。」他說這是最大的成就感，但接著語氣一轉：「所以，你看姚文智和連勝文都是多不容易的事啊，是出來做功德的。」

你也會嘲笑自己支持的政治對象嗎？「每個政治人物出糗、說幹話的時候，我們都很高興，網友是嗜血的，我當然也嗜血，誰犯錯我都開心，你對每個政治人物都負能量，你就能做到最高境界了，你自己支持誰完全不重要了。」網民看似在乎真實，但更在乎好不好笑。

在網民的眼中，所謂的真實，就像眼前這道壓扁的熱狗堡，只要吃起來味道夠重，你也不在乎它是什麼肉做的，反正都是糊成一片了。

二〇一八年八月二十日

輯四

親手料理

用雙手揉雜甜蜜與苦澀，
將生活調理得有滋有味。

炒米粉是陳名珉父親生前的拿手菜，媽媽炒出來的米粉味道不對了，現在想吃的時候，她便和妹妹一起下廚做。（攝影－吳貞慧）

花甲老媽變外配

——總是任性過日子的陳媽媽，愛看愛情電影，相信偶像劇的各種浪漫橋段，女兒總說她傻，卻也因爲夠傻，信念才夠強大，夢想才得以成眞。

對陳名珉來說，有一道菜是家的味道，不管是難過、開心，只要爸爸問她想吃什麼，她必定是回答：「炒米粉。」只是，父親在她大學畢業那年，心肌梗塞突然過世，家的味道由媽媽傳承：「一樣是炒米粉，我爸會花工夫備料，媽媽則是做得很隨意，配料都隨便切。」

這幾年，媽媽改嫁到澳洲，每年回來一次，「她大概澳洲住久了，味覺也變了，米粉炒起來味道完全不對，可能年紀大了，不常煮，火候控制不好，整個濕濕的。」六年前，媽媽六十三歲的時候，把自己嫁到澳洲去。她把媽媽尋找第二春的故事寫在BBS上，被瘋狂轉載，最近則將故事整理成書：《我媽的異國婚姻》。

「很多鄰居親友都說，妳媽好厲害喔。放屁，她根本是神經病。」四十歲的陳名珉大概從會講話開始就跟媽媽吵不停，她最常形容媽媽的形容詞是：公主、女王、神經病。例如，媽媽跟鄰居吵架，放話要撂人，女兒問她：「去哪撂人？」媽媽說：「就妳啊，妳去打。」

陳名珉三十多歲時，被診斷出有免疫系統的問題，關節會發炎，嚴重時無法動彈，媽媽到了診問問醫生：「這病能醫得了嗎？」醫生說，這種病無法治癒，除非重新投胎。「我媽就大爆炸，罵我白痴，找這個什麼爛醫生，轉頭就走。」

女兒瞭解媽媽瘋狂背後的恐懼：「我媽不喜歡生命中的缺憾，尤其是爸爸過世後……她不知道怎麼再面對女兒生病，可能也有點自責，但她不懂得表達，只好一直生氣。」父親生前，無論太太如何無理取鬧，從不曾生氣，此外還包辦一切家事：「小時候，老師問家裡誰煮飯、誰洗衣服？我都說我爸，老師還很擔心問：『那妳媽呢？還在嗎？』我說，『她在看電視啊。』」

因為父親驟逝，夫妻原本計畫退休後到鄉下養雞種菜，大半輩子的夢想突然就沒了：「我媽應該很寂寞，尤其像我這種女兒跟她也沒共同興趣可聊。」父親喪禮後的第一天，媽媽到陽台洗衣服，她企圖維持生活的日常，讓自己振作，結果衣服洗到一半，在陽台痛哭。

陳媽媽也沒讓自己閒著，她開始尋找第二春：「我偶爾會陪她去『相親』，那個場合真的很現實。」老人交往擺在面前的都是各種利益金錢算計，有的兒女直接對陳名珉說：「我們家在東區有個房子，妳媽過來跟我爸住，那一個月房租要給我們多少？」也有的直接挑明：「老人家未來就算要結婚，我爸這邊的財產，你們是不能分的。」有的甚至是替老爸找看護的心態，把照顧細節全推給女方。

陳媽媽並沒有因此放棄，開始往國外拓展，英語雖然不好，但在交友網站打滾了一陣，也能靠簡單的會話溝通了。「我一直擔心我媽會遇到壞人，被騙。」果不其然，她遇到網路男蟲，要陳媽媽匯錢：「我媽知道對方是騙子，躺在床上抱著棉被很難過，結果，隔天起床，又生龍活虎了，說不能放棄。」

最後，媽媽在網路上認識了一位「澳洲阿伯」，原本是練習英文的聊天對象，不知怎麼最後兩人戀愛了：「我媽連Line貼圖都不會買，結果竟然上網買了機票，自己飛過去。」媽媽上機前才告訴她要去澳洲，她擔心媽媽會不會又被騙了。「我那時候在上班，來不及去機場攔，一度想說，乾脆謊報機上有炸彈，讓飛機飛不了好了。」說媽媽是瘋子的女兒，其實瘋起來也毫不輸人。

沒想到這位今年七十五歲的澳洲阿伯竟然就是媽媽的真命天子了，兩人火速結婚，媽媽搬到澳洲與阿伯同住。「澳洲阿伯說，如果有天他病了，需要人照顧的話，他會去住老人院，願意離婚，不會牽絆住她。」這簡直是真愛了，不是嗎？「我媽這個神經病運氣真的很好……說真的，我蠻佩服她這麼敢冒險。」

嫁到澳洲的媽媽，因為有了距離，反而

陳名珉在PTT上的CCR（異國戀）版上寫媽媽的故事：「你們大概沒看過高齡版的CCR吧？」（攝影—吳貞慧）

多了體貼，再加上年紀大了，性格也變柔軟了：「以前常罵我沒出息，她現在告訴我，只要做自己想做的事，人生快樂最重要。」一直有寫作夢的陳名珉，出過幾本小說，也寫過幾齣偶像劇，母親總是罵她不好好工作，但當她生病，最窮困潦倒、沒錢吃飯時，「我媽二話不說，就拿一萬元塞給我，那時候有點想哭。」

一直長不大的公主，今年已經六十八歲了，過馬路時還要女兒牽她的手：「我說，『媽妳幹嘛啦！』她就一副撒嬌地說，『我就是要跟妳一起走。』」總是任性過日子的陳媽媽，愛看愛情電影，相信偶像劇的各種浪漫橋段，女兒總說她傻，卻也因為夠傻，信念才夠強大，夢想才得以成真。「我以前會懷疑自己可能不適合寫作，但我媽都能把自己嫁到澳洲去了，這世上還有什麼不可能？」

陳媽媽雖沒讀過女兒的書，但是她交代女兒不要把她寫得太壞，要留點給人探聽，畢竟阿伯年紀大，也許還要找個第三春。「我說，這位太太，妳幾歲了，不要了吧！」

二〇一八年六月十八日

這天的午餐是胡里歐前一晚私廚剩下的食材做成的咖哩飯。（攝影—賴智揚）

深夜食堂等不到妳

——病榻的日子並不絕望，他用自己擅長、能做的事來陪伴媽媽，食物便是他面對日子的武器。

雖然只是一道咖哩飯，卻充滿華麗的細節，好比擺盤：「食物要往上堆，看起來才會豐盛，深碗下面要加大盤子，整體的氣勢就出來了。」咖哩上還加了酪梨和無花果點綴：「很少人會想用這兩種水果拌咖哩，酪梨口感像是奶油，無花果又可以解膩，非常搭。」

三十八歲的胡里歐是私廚，午餐大多是利用前一晚招待客人所剩的食材做成的。昨晚剩下的櫛瓜、雞腿排、根莖蔬菜皮熬成的高湯，都在這個中午華麗轉身成就了這道菜。「我人生第一次為自己做的菜也是咖哩飯。」出身高雄的他，母親廚藝極佳，卻不准小孩進廚房，國中時，父母不在家，他模仿媽媽做菜的模樣，自己下廚，「我媽很意外兒子會做菜，才開始讓我進廚房。」

五年前，媽媽因癌症過世。在媽媽重病那段時間，胡里歐偶爾陪她在醫院附近散步，母子興趣一致，常逛廚具店，還買了一個「看起來很奇怪」的玉子燒鍋。當時，媽媽飲食多禁忌，胡里歐經常幫媽媽做便當，「雖然食物只能簡單調味，但我一定會擺盤，做到媽媽打開便當會『哇』這樣的反應。」

一輩子只做台式料理的媽媽，看到便當盒裡出現玉子燒，配上漂亮的擺盤，病榻的日子有了難得驚喜的笑容，媽媽還連連稱讚：「這個蛋這樣做，很不錯。」胡里歐說，病榻的日子並不絕望，他用自己擅長、能做的事來陪伴媽媽，食物便是他面對日子的武器。

「媽媽過世之後，我才發現家裡的財務狀況很糟。」胡里歐的父親原是高雄的布商，家境不錯，隨著成衣業興起，布莊生意不佳，父親開始轉投資各種事業，投資的事業愈賠愈多，錢也愈借愈多。胡里歐和弟弟大學時就離家，對家裡的財務狀況所知有限，父親的借貸全由母親擔任保證人，「媽媽在世時什麼都沒說，大概是不想影響我們小孩的生活。」

母親過世，數百萬的債務由長子胡里歐繼承：「小時候就隱約感覺家裡的狀況不對，突然知道有一筆這樣的債，我沒有晴天霹靂，反而是有種真相大白的感覺。」

他在母親過世後，本想回南部陪家人，豈料現在多了一筆大債務，「南部薪水偏低，找不到什麼好工作，剛好我也喜歡做菜，也做得不錯，就出來開私廚。」

不過，收入仍是有限，四年之間，欠下的巨款仍只償還利息部分：「這個世上只有肯做和不肯做的差別，只要肯做，辛苦一點，沒有什麼好擔心的。」為了還債，他除了私廚的工作，還接甜點訂單，時常要熬夜趕工，平均一天只睡不到五小時。

欠下巨款的父親，一開始並沒有太多的愧疚：「我爸其實就是一個大小孩。」像是，他不顧兒子每天熬夜工作，也要他去排隊買酒商出產的限量酒款，兩人於是大吵：「我爸說我就是爽，就是想要買酒。」兒子也反嗆：「你口口聲聲借錢是為了我們的生活，可是我現在的生活都被你搞成這樣了，你這是情感勒索。」

父親語塞，也開始有所反省了。他時常帶朋友光顧胡里歐的私廚：「他會很驕傲地跟朋友說，他的小孩做的菜很好吃。」這幾年，有時父子出門吃飯，過去在餐廳點菜的一家之主，突然換成兒子了：「我開始意識到，他就是個大孩子，你要用疼孩子的心情去面對。」

父親也不是沒有努力，胡里歐是男同志，有天父親一直逼問他為什麼沒有交往對象，「我被問煩了就直接跟他說我是gay，他那個晚上就在院子裡沉思，來回踱步，從此就沒再問這件事了，我想他也接受了。」

母親生前對他的性向態度則是心照不宣，以迂迴的方式表達支持：「我們沒有直接說這件事，但她每次看到我做菜、縫衣服，她都會稱讚我：『做得這麼好，可以嫁了。』」

胡里歐偶爾也上台北接私廚工作，因此借住弟弟的租屋處，這天採訪是他剛好北上，利用弟弟的廚房做午餐。（攝影｜賴智揚）

他說弟弟遺傳到的都是媽媽好的部分，只有他遺傳到爸爸的壞處，什麼壞處？「狐臭和愛放臭屁。」這樣的回答也像是個大孩子，而且還是一個需要母親撫慰的大孩子：「我很累的時候常會想起我媽……親人夢見媽媽的時候都是快樂的、笑的，只有我夢見媽媽的情境是悲傷的，我想她是擔心我的。」

心情低盪時，除了想起媽媽，能做的就是為自己下廚，「吃到這麼好吃的食物，什麼不愉快都會不見了。」在每個工作到天亮的清晨，為自己炒個飯、下碗麵，自己就是自己的深夜食堂：「我最近不再夢見我媽了，她可能真的不再擔心我了，可是我還是很想她。」胡里歐的深夜食堂，總還是有個永遠等不到的人。

二〇一八年八月六日

週末時，沈雅琪常會和女兒一起做 Pizza 當午餐。（攝影—王漢順）

還好有我在

「我不再問自己爲什麼會生了這樣的小孩，現在換了角度想，我認爲女兒是幸運的，因爲她遇到我這樣的媽媽。」

因為一頓小學的營養午餐，四十歲的沈雅琪成為全台知名的「貢丸湯老師」。事情是這樣的：她在午餐的時候，告訴同學，如果大家願意，可以留一點貢丸給班上一位家境清寒的學生打包帶回家。最後，班上學生留了二十幾顆貢丸給這位同學。

網路上有人因她的行為而感動，也有人罵

她是標籤化家境清寒的小孩，她是這麼說的：「我以前曾經偷偷包菜給這個小孩的阿嬤，特地用不透明的袋子裝怕被發現，阿嬤接到後，有點不高興，她說，窮不是可恥的事，她不偷不搶，不用這樣遮遮掩掩，我聽了很慚愧……」沈雅琪也補充，不是每個小孩都適合這樣坦然公開打包飯菜，還是要依個案而論。

也有人罵她是對學生情感勒索，她回應：「就像我家的小孩，看到桌上有牛排，不提醒的話會吃光光，我只是提醒他們，你們可以留一點給爸爸或是需要的人，貢丸湯也是這樣。」

過了這些天，她也開起自己的玩笑了：「被罵了三天，貢丸都吃下去變成大便了，還在罵。」但說到氣頭上，她捱不住本性，仍想罵人，但又礙於老師的身份，只好罵一句：「真是有夠 DO RE MI 的！」

認識沈雅琪的人都認為她是一個很「雞婆」的老師，看到別班的同學被欺負，她會跳出來罵人；身障學生不方便行動，她會一步一步扶著他走出戶外。大聲說話、作風直爽的她其實對環境很敏感，這要從她成長過程說起。

沈雅琪的父親是運輸行老闆，父親每次一喝醉就打母親出氣：「我從小就不敢睡太熟，一點點聲音就會醒過來，我會一直聽爸媽的房間，擔心媽媽是不是被打。」只要媽媽一尖叫，她就衝出房門擋父親的拳頭。

「我沒恨過父親，只是跟他很不親，很怕他。」去年，父親牙齦發炎，沈雅琪開車送他去醫院：「我開車的時候一直發抖，我爸從沒真的打過我，但我從小看他打人時，表情猙獰的樣子，會很害怕，那也是一種傷害。」

開車送父親看病竟成了父女重修關係的開始，「我爸喜歡吃甜食，我帶自己做的蛋糕回去，他吃得很高興，我們開始會聊天，可是我每次都只會問他：今天沒出去喔？然後就沒話題了。」做甜點一開始並不是為了父親，其實是為了她自己。

她每天早上四點起床烤麵包、烤餅乾，「就連有難度的蛋糕捲我也試，每次捲不好，我就一次訂兩百顆雞蛋，每天練，我就不信這世上有學不會的事。」好像在麵粉和酵母比例之間，她才覺得有些事是自己能掌控的，她再也不是一個無能為力、什麼都不是的媽媽了。

沈雅琪有一個念小二的女兒，女兒有嚴重的學習障礙，「我本來不覺得世上有什麼事學不會，我教過很多特殊生，生字記不住，寫個一百次總會認得吧？我女兒不是，是零，是沒有。」女兒上小學前還要開刀矯正視力和聽力，連走路也無法平衡，需要透過不斷的復健和運動訓練。

「她很善良，畫畫裡的人永遠只有笑臉，她看到每個人都說是她的朋友，可是她每節下課都會跑來抱我一下，我知道，沒什麼人願意跟她玩……」對好強的母親而言，最難的還是放棄自己：「朋友就說，是妳把人家生成這樣，妳就應該把工作辭了，好好照顧她。我不甘心，為何生女兒之前，每個人都說我是好老師，而生了她之後，我卻不能再當一個好老師？」

這天是假日中午，沈雅琪準備了烤pizza，這是她們家週末中午常吃的菜色，女兒在一旁幫忙舖料，這也藏著一個媽媽的微小願望。有次女兒問她：「我可以當郵差嗎？」她回可以，女兒又問：「那要考試嗎？」「我說要，她就放棄了，因為她知

沈雅琪有一個學習障礙的女兒（左），貢丸湯事件後連女兒也受到網友攻擊。（攝影｜王漢順）

道自己不會考試。」後來，女兒發現早餐店不用考試，於是立志長大做這行。沈雅琪也默默計劃：「以後，店裡就賣一號到四號餐，妹妹就只要認得四個阿拉伯數字就可以開店了。」

曾經不接受女兒的狀況，跑遍各大醫院連神都問了，沈雅琪現在很坦然：「我以前怕別人知道女兒是智能方面的問題，我現在認為坦白說清楚是最好的……我不再問自己為什麼會生了這樣的小孩，現在換了角度想，我認為女兒是幸運的，因為她遇到我這樣的媽媽。」

二〇一七年四月十七日

Jinni 愛吃海鮮，過去因為前男友不愛吃而少吃。現在感情散了，午餐終於可以自在出現蝦子和一夜干。（攝影｜賴智揚）

夠天真
才能相信愛

——我們總要活得夠老才懂得什麼是愛，又得夠天真才能繼續相信愛情。大齡女子的世故必須帶著智障少女的無知才能一直當一個感情動物。

Jinni 食量小，可是她做菜的份量總是滿出盤子，像是隨時有著滿滿的愛可以往對方身上倒。午餐有滿滿一盤蝦子和一條「一夜干」，她嗜食海鮮，可是有長達六年幾乎沒碰這類食物：「前男友不喜歡吃魚，裝過海鮮的盤子，他都不碰，海鮮這種食物很難一個人吃。」

這位前男友是美國人，在她三十五歲那年相識，男子自稱二十五歲。兩人交往後，某日男友突然內疚大哭：「他說做了一件壞事，說了謊話，我心想，他媽的，該不會是劈腿吧？」小男友邊哭邊坦承，做的壞事是謊報年齡，他其實是十九歲的大學生，「看他哭成這樣，十九歲成年了，也就算了。」

這場差距十六歲的戀情引人側目，Jinni的男性友人的反應是：「妳吃很好喔，床上很幸福喔？」在他們眼中，愛情跟肉慾連在一起；女性友人的反應是：「你們出去是誰付錢？」在她們眼中，愛情跟物質連在一起。Jinni自嘲：「他們眼中還有沒有真愛啊？難道愛情只能這麼不堪嗎？」

愛情是俗事，面對俗事你只能用更俗氣的方式來抵抗它：「後來，我就拿這件事自嘲，不要等別人開口問，我就先說，對啊，我吃很好，顧目睭。」也正因為愛情是俗事，俗事裡的天真更顯可貴。Jinni也曾跟大她十一歲的男子交往：「年紀大的男人會想用物質討好妳……他（小男友）是很天真善良，路上看到動物被撞死，會停下來把屍體移走，還會掉幾滴淚。」

小男友常說些傻話逗她開心，有年生日，Jinni問他想要什麼禮物，他回說很想認識校門口的檳榔西施，「我就去檳榔攤幫他介紹，西施問我：你是誰？我說，我是他的翻譯。」兩人約會就是騎著一台破單車逛清大校園，或餵餵宿舍樓下的流浪貓。Jinni每週幫他準備好幾盒白飯和肉燥，「我問他以後有什麼打算？他總是說，要幫我開一間餐廳，我心想，我嫁給你，幫你做飯就算了，還要幫你賺錢，那也太命苦吧？」

愛戀中的人只有當下，沒有未來。

平日打電話叫男友起床，催他上課不要遲到；假日Jinni則到宿舍幫他打掃。兩人約會，最常吃的就是夜市牛排和滷肉飯。帶小男友出門和朋友聚餐，Jinni顧及男友的面子，會先給男友一筆錢：「待會吃飯你付錢。」小男友週末到台北找朋友狂歡，喝得爛醉後，Jinni再到街上把人領回來。不累嗎？「我不幫他，他在台灣又有誰能幫他？」

愛情既是俗事，便註定躲不過俗世的壓力，以前覺得不重要的差異，在日積月累中產生了裂縫。生活步調也愈離愈遠，他放假要狂歡，她只想要休息；他覺得滷肉飯是美食，她覺得食物還有各種可能。

交往最後的半年，兩人都累了，鮮少見面，「他沒談過戀愛，連分手都不知道怎麼提，在等我開口吧，後來，他只說，要回美國了。」Jinni事後回想，兩人關係中，小男友比她還辛苦。有朋友曾經拿Jinni的年紀開了玩笑，小男友氣到與這位朋友絕交。「我是活到這種歲數才有自信拿來自嘲，可是他才幾歲，怎麼面對這種壓力？」

也許如此才是這段關係最好的結局：「剛認識的時候，他很黏我，連搭計程車也要我，現在往好處想，是他長大了，不再需要我了。」還有個好處，她終於能放心吃蝦了。她現在的男友是水產養殖的研究人員，家裡有吃不完的魚蝦海鮮。

一朝被蛇咬，十年怕草繩，會因此拒絕年紀小的男人嗎？「我不覺得是被蛇咬，愛情要怎麼才叫成功？結婚嗎？比誰撐得久嗎？愛情很難計算輸贏，這是一段很難得的關係，我沒什麼好後悔的。」即便花了六年，她也不覺得蹉跎青春：「我的青春是青春，人家的青春就不是嗎？」她笑自己二十歲時是什麼都不懂的智障少女：「當時會想說我活到四十歲的話，這麼老

Jinni 做菜常爆量，因為兩人份量很難拿捏，這天午餐她特別準備了我們的份量，所以特別豐富。（攝影｜賴智揚）

還不如去死，我現在四十二歲了，日子過得也還可以。」

在社會打滾一圈的大齡女子對生活精打細算：會計算一瓶醬油可以用多久；出門搭公車如何最有效率；連日常情感付出也小心翼翼。她喜歡貓，連餐盤都是貓圖案，但她寧願去路上餵流浪貓也不願自己養：「我受不了那種分離的時刻。」

唯獨愛情，她總是奮不顧身：「沒辦法控制的事，就靠直覺，硬著頭皮走下去，事情也不會多嚴重。」我們總要活得夠老才懂得什麼是愛，又得夠天真才能繼續相信愛情。大齡女子的世故必須帶著智障少女的無知才能一直當一個感情動物。

二〇一八年二月五日

這是布吉納法索人常吃的一道花生醬燉咖哩雞，餐盤左上方那瓶辣椒粉是 Sangla 特地從家鄉帶來的，每餐必配上一匙。（攝影－賴智揚）

別再問「它」大不大

——「我們當時根本不是男女朋友，可是我覺得喜歡一個人就要把握，就算失敗，至少也試過了。我只買單程機票，他如果不回台灣，我就留在那邊陪他。」

這天週末，三十歲的 Sangla 下廚做菜，因為家在千里外，只剩味覺堪可療慰。這是一道花生醬燉咖哩雞，裡面加了各種香料，盤上再加上一匙辣椒粉沾雞肉吃：「這個辣椒粉是從非洲帶來的，別的地方沒有。」

Sangla 是布吉納法索人，在當地念完大學，當了三年數學老師之後，申請台灣提供的獎學金，六年前到交大念資訊工程研究所，目前在Google台灣分公司當工程師，聽到台布斷交的消息時，「我畢竟是拿獎學金來台灣念書的，所以斷交還是有點複雜的感覺，有點難過吧。」不過他也說：「國家對國家往來大多是為了利益，我對這件事沒有什麼特別想說的。」

外交問題他沒興趣聊，倒抱怨起太太不做菜，他們交往四年，今年才剛結婚，二十九歲的妻子Wawa是高雄人，燙了一頭捲髮、身穿豹紋洋裝，十分有個性，Wawa說：「他有次跟我媽說我很『機掰』，很會吵。」信奉回教的Sangla是大男人，但Wawa也不是省油的燈：「他認為男人不該做家事，我就天天跟他吵，吵到他煩了，現在他寧願自己去掃地，也不要花時間跟我吵了。」

事事都有意見的Wawa遇上大男人的Sangla，是Sangla被改變了：「我知道我很大男人，可是一個家如果有一個人會跟你有不同意見，不會讓我一個人亂做決定，這樣對經營一個家會比較健康。」他說Wawa身材好、很漂亮，就是有時候太機掰，很煩。

Wawa毫不避諱說，兩人原是一夜情的關係，第一次見面，幾杯黃湯下肚後，「我就一直摸他的臉，問他要不要跟我回家，本來是他要講的台詞，一下子被我講完了。」第二次再見面，原本也是為了性，結果兩人聊得太開心，聊到最後都睡著了，「醒來才想到，欸，砲沒打啊。」

兩人一直維持肉體上的關係，半年後，Sangla畢業回鄉，Wawa兩週後飛到布吉納法索找他。Sangla說：「我以為她說說而已，沒想到真的飛過來了……一開始有點嚇到，當然還是感動啦。」敢愛敢恨的Wawa就是要賭一把：「我們當時根本不是男女朋友，可是我覺得喜歡一個人就要把握，就算失敗，至少也試過了。我只買單程機票，他如果不回台灣，我就留在那邊陪他。」

一到布吉納法索，都市的街道繁忙，車潮洶湧：「我本來以為到處會有動物，還問Sangla，『獅子呢？』他說，『在動物園裡啊……』食物很好吃，我還胖了好幾公斤回來。」外界普遍認為布吉納法索識字率低，幼兒存活率不高，但這僅限在鄉間，Sangla住在都市，八個兄弟姊妹全受過教育。

Sangla始終沒有鬆口交往，因為覺得自己的工作還不穩定。直到畢業後半年在台灣找到了工作，兩人才正式交往、結婚：「我爸知道我要娶一個『白』女人回來，有點不贊成……他比較希望我找同一個國家的人，這樣可以照顧家裡。」Sangla是長子，父親在象牙海岸經營養雞場。你可以再娶一個妻子留在非洲啊？「很多人以為回教徒會娶四個妻子，以前是這樣沒錯，但我們這一代幾乎沒人這麼做了，尤其住在都市，根本養不起這麼多老婆。」

問他台灣女人和布吉納法索的女人有什麼不同，他回答得很「工程師」：「女人如果是電腦的話，裡面的作業系統都一樣，只是外殼的硬體不同而已，她們心裡想的事並沒有不同。」Wawa也交往過台灣男友，她說：「全世界的男人都是尿尿不掀馬桶蓋、想把家事推給女人做……我們吵的事都一樣。」比如，情人節吃大餐，Wawa說不要這麼浪費，「結果之後真的就再也沒吃過了。」

不過，在台灣嫁給黑人還是少見，走在路上：「有人會拿手機偷拍他，早上我們出去散步，還有高中生過來問，可以跟你

Wawa（左）與來自布吉納法索的Sangla（右）相戀四年後結婚，狗狗身上的圖騰是布吉納法索的國徽。（攝影－賴智揚）

拍照嗎？」Sangla 對此並不是很在意，反而是 Wawa 跳出來幫他擋掉這些獵奇的眼神：「又不是在看什麼奇怪的動物，拍什麼拍？」

這些還算好的，Wawa 最常被問的事，包括錯身而過的陌生路人或是搭計程車的司機都會問：「黑人很大吧？妳吃重鹹喔。」Wawa 被問煩了，後來都直接回答，把尷尬丟回去：「對，很大。」這下換對方不知所措了。「我跟很多黑人上過床，並不是黑人都大，我也遇過只有一根手指頭大而已。」

Wawa 來自一個軍公教家庭，小時候還是教會裡的司琴手。但她中學交男友、又迷上刺青，大二就休學做網拍，在大學教國文的媽媽煩惱到不行。相較之下，現在嫁給黑人也不算什麼了：「Sangla 見人就笑，長得又好看，學歷又好，我媽非常滿意。」自己的女兒從小離經叛道，反而女婿乖得不得了，只是皮膚黑了點而已。

Sangla 來台灣之前，台布雖有邦交，但他卻搞不清楚 China 和 Taiwan 的差別，看到電視介紹 China 有很多人在吃蟲、吃奇怪的東西：「我剛到台灣很擔心吃的問題，來了之後才知道，二個地方完全不一樣嘛。」雖然台布還是斷交了，Sangla 說身邊的台灣人還是待他不變，他唯一擔心的是現在在台灣留學的布吉納法索學生：「我是布吉納法索在台學生會的會長，目前有一百五十幾個布吉納法索的學生，大部分都因為沒有獎學金，念不成書了。」而且以後可能不再有布吉納法索的留學生來台灣了。他很感念當年的獎學金，台灣的日子改變了他下半場的人生。

二〇一八年六月十四日

沈美的午餐是昨夜家人吃剩的晚餐重新加熱。（攝影—王漢順）

命運才是莊家

——所有的台灣媽媽除了拿隔夜菜當午餐，還都是踩不死的蟑螂，她們人生轟轟烈烈走了一回就只是卑微希望一家老小平安。

七十五歲的沈美，午餐吃的是昨晚一家六口吃過、三個孫子包完便當後的剩菜。這份午餐下層是白飯，上面鋪著高麗菜、波菜和菜脯蛋。整盤飯菜放進電鍋蒸過後，她蹲坐在客廳，盤子墊著報紙，配著午間電視節目。

剩菜午餐常常是這個世代的母親對自己的

角色定位，她們永遠把自己排在所有家人的最後一位。然而，媽媽並不天生就是媽媽，她們也曾經有年少的夢想。像是沈美，她出身農家，「小時候，三點要起來摘菜，放學要牽牛去吃草，好苦。」她羨慕同村子裡的年輕女子靠洋裁工作養活自己，生活獨立。那個時代的女人到城裡學裁縫，是逃離傳統束縛的唯一出路。

她十七歲到台北學裁縫，之後回鄉下開洋裁店，為了逃離家人說媒成親的壓力，二十歲又到台北的洋裁店當裁縫工，「我想要有自己的事業，然後要做得很成功。」對沈美來說，所謂的成功，可能就是後來發生的這種情景：「當時店裡有很多員工，客人喜歡指定我做，衣服穿過會跟我說，做得很漂亮，穿得很舒服，我聽到就很有成就感、很高興。」成功的女人之後的人生有什麼不一樣嗎？沈美想了一下，鎮上的同學、表姊都開了洋裁店，生意也很好，但最後還是嫁人了。

沈美也不例外，她自嘲：「這樣講起來有沒有成功好像沒差喔？」洋裁在那個年代是時髦又帶有女性主義色彩的理想出路，但這個夢很快就被現實所磨損。沈美二十八歲嫁給一個食品公司的員工，生了一子一女，婚後五年，丈夫意外過世，她帶著小孩租屋幫人做裁縫，吃盡苦頭，最後再嫁老陳，又生下一子一女。

老陳是個老兵，收入有限，沈美做家庭代工、踩三輪車、擺彈珠檯，也賣愛國獎券，平日到工廠門口賣，假日就從新莊住處搭公車到石門十八王公廟繼續賣，「那時生意真好，我通宵賣，賣到隔天清晨再搭早班車回家。」

沒幾年，大家樂熱潮來了，沈美也沒放過這個機會，她當起了組頭。一九八八年，她的「事業」被警方查獲，被判八個月徒刑。「要捉去關那天，我好難過，想到兩個小孩還在念小學，難過到要哭都哭不出來。」老陳送她入獄，在後面邊哭邊叫妻子，她怎麼也不回頭，直直往監獄裡走，老陳逢人就怨她無情，沈美說這不是無情：「那個時候，我怎麼能回頭？孩子這麼小，我一回頭，我就……我能回嗎？」

當年女監關的都是像沈美這種勞苦女人，「幫家人作保、老公開票用太太的名字後來跳票、還有最多是像我這種做大家樂的……」女人出獄後，有的生意做得有聲有色，有的甚至當了民意代表，也有像沈美這種不甘被命運擺弄，繼續搏鬥的。

她出獄後仍當組頭，但學聰明了，另用密碼編了帳本，不留證據。孫子出生了，兒子開了便當店需要人手，她就揹著孫子，騎機車送便當到工廠，順便接簽牌生意。後來大家樂沒落，她才收攤。

努力這麼多年，應該賺了不少錢吧？「吼！」沈美一副不說你不知道的氣勢：「我股票賠，跟會被倒，當組頭還被跑帳，還有一堆芭樂票……我賺得真的很多，但賠這些就賠光了。」她說被倒會的帳本、芭樂票、壁紙股票全都還在，就和當年賺錢的大家樂密碼帳本擺在一起。

人生豈不是徒勞，白忙一場？「不會，我還有賺到四個小孩，至少他們平安長大了，人生這樣可以了啦。」所有的台灣媽媽除了拿隔夜菜當午餐，還都是踩不死的蟑螂，她們人生轟轟烈烈走了一回就只是卑微希望一家老小平安。

沈美不簽大家樂也不打牌，但這幾年開始每期買樂透，「我不是為了發財，我是不相信自己中不了頭獎。」其實，沈美才是真正的賭徒，從洋裁到大家樂組頭，她始終相信自己贏了命運，而命運一直是人生最大的莊家。

沈美的子女長大了，但生活閒不下來，仍為家中的貓小孩奔波忙碌。（攝影｜王漢順）

二〇一七年一月二日

王元照這天的午餐是媽媽做的粽子。（攝影－林俊耀）

屬於新生的魔術時刻

——此刻靜靜坐在家裡吃媽媽準備的午餐，不必擔心警察敲門，不必擔心「兄弟」尋仇，心情踏實的日子是王元照沒想過、也不敢要的魔術時刻。

王元照坐在家裡的餐廳吃午餐，廚房一籠白色鴿子，不時傳來咕咕聲低鳴。這鴿子不是拿來比賽的，是特殊品種，溫馴聽明，專門用來變魔術的：「牠們小時候我就開始親餵，這樣牠才會信任你。」

王元照的魔術師職業生涯去年十月才開始，在這之前，他在坐牢，魔術正是牢裡學的：「我一直想學變鴿子的魔術，但教誨師說，牢裡會有人利用鴿子傳送違禁品，我申請養鴿子好幾次，都被打回票。」用鴿子犯罪簡直是電影情節了，而在牢裡學魔術則像是一齣黑色喜劇。

「我入獄前，就會變魔術了。」四十六歲的王元照前後三次各因妨礙自由、恐嚇、槍砲等罪入獄服刑，加起來坐了十年牢。逞凶鬥狠的江湖中人喜歡變魔術，就像黑道大哥穿 Hello Kitty 的內褲一樣，充滿違和感。他解釋，之前做保全的主管，要到八大行業拉生意，「別人又不認識你，又要打入圈子……有時候應酬場子冷了，變魔術炒熱一下氣氛啊，這個用來拉生意很好用。」原來大哥也怕冷場。

二〇一三年那次入獄，教化科調查受刑人專長並規劃在獄中組社團，他自稱會變魔術，教誨師丟了一副撲克牌測試他，他把在酒店拉生意的那套演了一遍，「教化科長看了覺得好像有點意思，就組了一個魔術社，看影片、找老師來教。」他指著桌上好幾本筆記本，全是他在獄中的魔術筆記。

王元照從小就對魔術感興趣，人生走上歪路要從當兵說起。他服役時，被挑選進入海龍特種部隊。特種部隊一直是保全業獵才的重要據點，王元照還沒退伍，保全公司就來找人了：「那時候常有保全公司的電視廣告，他們穿制服、戴墨鏡，感覺很帥。」說穿了就是英雄感。

上班才三個月就遇到酒客持槍鬧事：「我判斷是假槍，手往前一拗，搶下來才發現，是真槍。」一身憨膽打響了不怕死的名號，很快就晉升主管，英雄感更強大了，他越發熱衷投入。酒店請他收酒帳，跑一趟就可進帳百萬。但來得容易的錢，從來就不會留住。

出身台中大甲的他，父母離婚，他從小跟著當貨運工的父親長大。父親一眼白內障全盲，又患重聽。「我一直想賺大錢給他過好日子。」他買勞力士、買新衣服給父親，父親都捨不得穿，將所有新衣摺疊整齊放在衣櫃：「後來他有戴勞力士，因為我騙他是在夜市買的。」

三次坐牢，父親就算重聽、視力不好，仍舊一人騎機車，從大甲帶著親手做的紅燒茄子和番茄炒蛋到台中監獄看兒子。「這是我最喜歡吃的菜，就連現在，我到自助餐一定會點這兩道菜。」

反覆坐牢的日子，最難熬的是三十五歲入監時，「兒子剛念小學三年級。他一直以為我過一陣子就會回家。」兒子會面時，隔著玻璃維幕，突然放聲大哭：「我問他怎麼了，他說，他不想要這樣，要我趕快回家，我聽了心都糾成一團，什麼話也說不出來。」每次家人來會客，他便徹夜無法成眠：「來會面的人，沒有人是高高興興的，那些高興的樣子，都是裝出來的。」

孩子大了，有自己的生活，漸漸少來探監，唯一持續固定報到的，仍是王元照的父親。

然而，二〇一四年最後一次坐牢，父親只來了兩次。弟弟告訴他，父親心肌梗塞過世了。「我大哭，哭到警衛都來問發生什麼事……我真的很對不起他。」這一次他終於徹底悔悟。

他在牢裡考上街頭藝人執照，出獄後，靠表演為生。他說一生做過很多錯事，少數不後悔的決定是最後一次入監前，他帶父親去看病，父親堅持搭公車回家，「我放他下車後，車子往前開了幾分鐘，不知道為什麼，我很想再看看爸爸，把車繞回去，看到我爸還在那，我不知發什麼神經，往前去抱了他一下……還好那次，我發神經

王元照說，以前當酒店圍事時，人人看到他都會怕；當了魔術師之後，人人見他則是快樂、驚奇的眼神。（攝影｜林俊耀）

有抱他。」說著，他哭了，哭自己來不及讓父親看到自己變好的一刻；接著又笑了，笑自己這麼幼稚還想抱父親撒嬌。

沒有父親的菜，這天午餐是媽媽包的粽子：「媽媽很高興我當魔術師，以前都問我什麼時候要轉業，現在是問我：錢還夠嗎？會不會過得太委屈？」昔日當圍事，起床已是下午，吃食都很隨便，他說現在依舊如此。原來收入好壞，吃的東西都差不多；但此刻靜靜坐在家裡吃媽媽準備的午餐，不必擔心警察敲門，不必擔心「兄弟」尋仇，心情踏實的日子是王元照沒想過、也不敢要的魔術時刻。

二〇一八年六月十一日

童一寧的午餐重現當年外婆的菜，主菜是一道江浙口味的紅燒豬腳。（攝影｜林俊耀）

賭神外婆的神祕過去

——食物是生活的痕跡，什麼都不說的外婆，早已在餐桌上將祕密全洩露出來了。

說起便當，四十二歲的童一寧就會想到外婆。她從小由外婆帶大，每天上學路上，都會繞到外婆家門口，外婆把做好的便當裝在一個公雞造型的袋子，掛在公寓的鐵門，童一寧拎了便當再去上課。她是唯一由外婆帶大的孩子，外婆把最好的歲月給了她。

童一寧的父親是軍人，長期在鳳山服役，每三週回台北一次，「每次我爸要回軍隊了，我就不說話，他們送我去外婆家，我頭也不回就下車，我不能回頭，一回頭，爸爸也會難過。」媽媽是職業婦女也忙於工作，童一寧學齡前都與外婆同住，她從不在父母面前表現思念，這是倔強，也是體貼，唯獨在外婆的床上：「只有那麼一次，我太想念爸媽了，就在外婆的床上哭出來了，她只是問我怎麼了，然後靜靜地陪伴。」

外婆外表清瘦，做得一手好菜，童一寧小時候是個胖子，鄰居見她總說：「呂太太的菜都被孫女吃光了。」鄰居阿姨邊說童一寧胖，又邊拿零食餵她：「那時候覺得很開心，那是長輩表達愛的方式，不是真的嫌你胖。」她每天最喜歡跟外婆上菜市場，「她常推我去買菜，我把腳伸出娃娃車，叫外婆把買的菜掛在我腿上。」

因國共內戰逃了大半個中國，最後落腳台灣的外婆對童一寧來說一直是個謎。童一寧念大學時，外婆過世了，「我很好奇她的故事，以前問她，她總是說沒什麼好說的。我想對她們那一代的人來說，過去太辛苦，所以不願回憶。」其中也許還帶著夏蟲不可語冰的心情：「就像我不會對現在的年輕人說，你知道當年小虎隊有多紅嗎？沒經歷過的人不會懂，也就沒什麼好說了。」

童一寧靠親友的口述，去年帶著爸媽重新走了一趟外婆當年在中國逃難的路線，約略拼湊出外婆的身世：安徽蕪湖人的外婆嫁給了在長沙當兵的外公，而外公死於戰亂。二十八歲的外婆揹著童一寧的媽媽從長沙逃到上海，再從上海逃到廣州。弱女子還帶著小孩，一路上要如何維生？「我外婆根本就賭神，她一路靠打牌賺取生活費。」在廣州有機會搭上運輸船逃到台灣，「我媽說，當時外婆揹著她爬繩梯，一群人擠著爬上去，周邊的人一不小心就跌下去，再也沒爬上來了。」

好不容易上了船，外婆嚴重暈船，不滿五歲的女兒拿著餅乾鐵盒裝粥一口一口餵她，「我媽那時很害怕，害怕外婆就這樣死了。」順利到了台灣，外婆改嫁，「新外公」沒有穩定的工作，家裡的孩子又一個一個出生，全靠外婆以過人的賭技打牌養家，她總是出去打一圈，生活費與四個小孩的學費就湊齊了。對於外婆的牌技，童一寧太小沒有直接的感受，反倒是在媽媽的口中「見證」了外婆傳奇的一面。比如在彼時的一九六〇年代，有次外婆打牌贏錢，直接就給童媽媽一百美元吃紅，有時則是拎著大衣、手錶等奢侈品回家。

「那個年代的人只為了眼前如何活下來，沒有閒工夫去回憶過去。」但對一個外省第二代來說，回望過去是重要的，那不是生活的餘裕，而是更緊迫地追問自己從何而來、我是誰的自我認同。

她和母親一輩子沒到過外婆的老家，但人一到蕪湖聽見司機的鄉音：「那是外婆的腔調。」司機知道她們要來尋根，只說：「別看了，那裡全不一樣了。」站在當年外婆離鄉的長江畔，看不見過往的景色，反而是在食物裡與外婆重逢，「我在蕪湖吃到小芋頭、江米藕，我好興奮，這完全就是我外婆的味道。」

這天午餐，童一寧請媽媽重新再現外婆的滷豬腳：「這是江浙口味，比台式的鹹。」那趟中國的尋根之旅，童一寧並沒有遇見故人。反而是事後回想，外婆的故事早已藏在食物裡了。童一寧小學便當菜常有一道「炸蛋」：切片的水煮蛋，熱油加辛香料炸過：「每次便當一掀開，同學都搶著跟我交換炸蛋吃，後來，我才知道這是一道湖南菜。」

童一寧從小吃外婆準備的便當，但對外婆的過去所知甚少。去年她帶著父母走了一趟外婆當年的逃難路線，沒遇見故人，反是在食物中摸索出外婆前半生的線索。

（攝影｜林俊耀）

那是外婆嫁到湖南，學得的菜色。

某次去上海，童一寧在上海吃到羅宋湯和炸排骨，原來這是老上海西餐菜：「外婆也常做，以前不覺得特別，後來想，這應該也是外婆逃難到上海，投靠親人時學的菜色。」她從菜色揣想逃難親人的心情，逃了大江南北的外婆，每到一處落腳，做出的菜便沾染當地色彩，而外婆的餐桌唯獨沒出現廣州菜。

「只有當生活有餘裕，才有可能花心思在食物上，外婆在廣州的日子想必是相當辛苦，根本沒時間做菜。」在廣州岸邊等上船的外婆，不知船期、不知未來，每天在牌桌上廝殺只求溫飽，親人都在戰亂裡散了，若這樣死了也不會有人聞問……食物是生活的痕跡，什麼都不說的外婆，早已在餐桌上將祕密全洩露出來了。

二〇一八年二月二十六日

顧德莎為我們重現當年的「工廠菜」常見的菜色，事實上工廠每餐只有三菜一湯，地瓜菜、苦瓜、茄子、敏豆是最常出現的蔬菜，而滷豆輪加一點肥肉則是主菜。（攝影－賴智揚）

人生賭局總是輸

「我媽是在賭桌上賭，我賭的是自己的人生，人生每個決定都是賭，只是我看不到後面的那個對價關係，所以總是賭錯。」

六十一歲的顧德莎為我們重現，從十八歲開始，一吃再吃、一成不變的午餐：一道魚目混珠的滷肉，兩道青菜，一道湯。這是七〇年代台灣工廠標準的「工廠菜」。

經濟起飛的年代，成群的少女漂往城市，成了生產線上的小螺絲釘，工廠包吃包住成了她們的棲住所：「那一道滷肉，裡面其實沒什麼瘦肉，一夾上來，才發現是看起來像肉的豆輪。」主菜是滷豆輪偶爾雜夾小肉末，其他兩道青菜，不是低價苦瓜就是茄子，再不然就是地瓜葉或敏豆。

因為是紡織廠，工作環境多棉絮，所以湯是豬血湯：「大家都說豬血湯清肺……像我們工廠對面的成衣廠，布料上有甲醛，他們的餐就常會配牛奶，說是可以解毒。」《勞基法》還未問世的年代，她們早上八點工作到晚上六點，休息半小時，再加班到晚上九點半。顧德莎剛上台北就遇到了出貨旺季，一連三個月沒放假，聽到連中秋節也要加班，她站在廠長面前，說想家，說著說著就哭了。廠長心軟，那年的中秋全廠放假。

「他真的是一個好人，後來自殺了。」產業蕭條，照顧勞工的廠長挨不住大環境的逼迫，最後以死了結——這是發生在顧德莎生命裡的真實事件，也是她小說裡的一則故事。她把過去經濟快速竄起年代的記憶，一塊一塊拼湊回來，集結出版了小說《驟雨之島》。

小說裡不見經濟發展的喜悅，全是被浪潮甩開、打落倒地的小人物。這也是她的寫照：「我以前總以為，認真工作就會有好的回報，但那個年代，就算你再認真，做得再辛苦，也不見得能有好結果……經濟成長的美好那一面，全屬於那些可以飛來飛去、任意遷廠的老闆們。」她二十一歲嫁給了同廠的管理幹部，婚後育有一子一女，二十八歲那年，丈夫創業開代工廠，創業前幾年看似「錢」途似錦，但紡織業的跨國資本已逐步往中國轉移，前夫的工廠苦撐十五年，最後破產倒閉，連婚姻也賠上了。

她說，前夫其實也是個好人，初次約會，他見一名老婦扛著重物要過馬路，二話不說便上前幫忙抬東西：「你說我是不是很傻？竟然因為這樣而喜歡一個人。」好人不見得可以是一個好丈夫，在激昂的起飛年代，當一個好人也許還是一個悲劇。前夫工廠經營不善，到中國求發展，卻有了外遇，最後離婚。

彼時，兩個小孩念國中和小學，「我晚上睡覺時跟他們講，他們的父親外遇了，小孩馬上把頭轉過去，他們無法承受這些，我也決定再也不講，不講久了，那個怨也就淡了，我現在是這麼想的，也許下一個人是比較適合他的。」她扛下前夫欠下數百萬的債，離婚後還要獨力養兩個孩子。她說那個年代的女人都是「被動」捲入這個經濟狂潮，男人要創業，失敗的苦果卻由女人承擔。

出生於嘉義的顧德莎，排行老二，顧德莎三個姊妹是母親和第一任丈夫所生，生父因病過世，母親再嫁一名外省軍人，又生了兩女一男。妹妹顧玉玲、顧玉珍都是知名的社運人士。

顧德莎從不以繼父稱之：「父親真的是對我們非常公平、非常好……本來在軍中當到中校，為了家庭不願隨軍隊移防，轉職到學校教書，為了體諒母親，在那個年代還買了全眷村第一台洗衣機，鄰居媽媽常來家裡排隊洗衣服。」相較於父親的溫暖體貼，母親沉迷賭博，把父親省吃儉用的家產全賭光了，還四處跟鄰居借錢。「念國中時，同學都會跟我說：『回去叫妳媽不要再賭了。』」她曾這樣形容父母：「（父親的）教師職業是我右肩膀上的金徽章，母親的賭徒身分是左肩上的一片黑墨汁。」

有時，媽媽賭得太晚，顧德莎還得和大姊走過一段漆黑、有野狗的路去叫媽媽回家，若是贏錢，姊妹們就鬆一口氣；若是輸錢，媽媽會一路發脾氣。母女脾氣都硬，媽媽會為了小事打她：「我若覺得自己沒

作家顧德莎十八歲就離家到紡織廠工作，她把大半生的工廠經驗寫成了小說。（攝影｜賴智揚）

錯，我會站在那邊讓她打，她一看又更氣，打得更厲害了。」最嚴重還曾被打到昏倒。

二〇〇八年開始，顧德莎歷經三次癌症手術，加上寫作的關係，她開始用寬容的眼光理解他人：「我爸以前常跟我說，其實妳媽是個好人，我和妹妹們聽了都替爸爸抱不平，你說那什麼話嘛！」她不懂，何以童年在校老師都稱讚她，回到家母親對她卻百般挑剔：「後來有點明白，我不是爸爸親生的，媽媽怕他不喜歡我，所以要我做到最好，沒有缺點。」

她五十多歲開始，才開始理解母親：「我是後來才學台語，我們在家都跟爸爸說國語，大家有說有笑，然後媽媽就會很生氣大聲叫我們……其實，她一直被孤立，我們都沒發現。」她也想起母親在賭桌上，別人是見好就收，媽媽是贏了錢不好意思走，輸了錢又捨不得那些錢，更是不能走——一個好人不可能是一個好賭徒。

她說一輩子不想成為像母親那樣的女人，但最後發現，她和母親都是被時代拋開的失敗者：「我媽是在賭桌上賭，我賭的是自己的人生，人生每個決定都是賭，只是我看不到後面的那個對價關係，所以總是賭錯。」她說，自己不算輸，經濟上一場空，從早年的工廠職員到協助前夫營運工廠，顧德莎邊做邊學，學了一身財務專長，之後靠此養活一雙兒女。

說起那一桌工廠菜：「我離家前，不吃苦瓜，不吃茄子，地瓜葉南部人是拿去餵豬的，也不吃，工廠待久了，每天吃，現在也習慣了。」食物如人生，即便賤菜難入口，久了也就習慣，還是滋養身體的聖品。如果生意沒失敗，婚也許不會離，「可能我一輩子都在幫先生張羅生意，不可能有機會提筆寫作了。」

二〇一八年五月二十一日

這道白菜肉丸子是劉天富的午餐，也是他媽媽的拿手菜之一。（攝影－賴智揚）

如果你壞一點有多好

——午餐桌前的肉丸子冒著白煙，劉天富說起兒子，時哭時笑。四十九年前，他的母親提著肉丸子到育幼院看他，也是又哭又笑。人生實難，快樂與悲傷全隨著淚水與笑容攪在一起了。

六十年前，一位懷孕婦人去算命，算命師向她說：「妳如果生女兒，她會鳳凰飛上枝頭，大富大貴；若生男，兒子可能會夭折。」婦人聞言大哭，算命師又說：「不用太擔心，也許他命硬能存活下來，只是父母要吃不少苦。」幾個月後，婦人產下一子，雙掌彎曲如煮熟的雞爪，左腳踝沾黏右膝，右腳沾黏左膝，宛若盤坐。

這個嬰兒叫劉天富，他出生後的這六十年，任何生活的小細節對他來說都不容易，「我消化系統好，每天要上大號三次，水喝得多，小號也多，這都要靠別人幫忙。」更不用說洗澡、移動、翻身都需要旁人幫忙。不過，自己能做的事，他絕不假手他人，好比吃飯。

這天中午，看護幫他添了飯，上面澆了白菜煮肉丸子，飯菜就盛在一個淺碟子，碟子下方用雜物墊高，劉天富雙手無法使用湯匙或筷子，他低著頭用舌頭一口一口把飯菜捲入嘴裡。「小時候要吃餅乾，我媽要餵我，我堅持用一手勾住餅乾，甩到另一手的上臂，再低頭咬，餅乾一直甩一直掉，我不放棄，堅持要自己吃。」母親在一旁看了忍不住落淚。

午餐的肉丸子是劉天富的妻子所做，他喜歡這道菜，因為這是童年時媽媽的拿手好菜。那時媽媽常常提著飯菜去育幼院看他，白菜肉丸子是必備的一道。雖然媽媽曾對親戚說：「就算我揹著天富去要飯，也要撐一口氣養活他。」但是，劉天富十一歲時，父母仍因家境窮困、又無特教資源，迫於無奈將他送到義光育幼院。

他在育幼院學寫字，每天用一隻手指勾著筆，吃力寫信給媽媽，把手腕都磨破皮，「等媽來看我時，我一字一句念給她聽，她不識字，聽的時候總是邊笑邊哭。」

這種為小孩感到驕傲，同時又為自己的無能為力而內疚的心情，劉天富也有同樣的體悟。劉天富體貼、嘴巴甜又寫得一手好文章，他靠電話交友和交筆友，在三十八歲結婚，產下一子。

獨子八歲時被診斷出血癌，化療期間，他不忍心看兒子每天受苦：「我怕再打（化療）下去，他就承受不住了……」他決定停止化療，改採用中醫治療。三年後，兒子還是走了。「我常想，如果當初繼續打下去，應該就可以救得回來，但看他這麼辛苦，我……」話還沒說完，淚水就滿了出來。

然而，劉天富仍笑談關於兒子的快樂回憶：兒子推著輪椅上的他到夜市賣抹布；他到校門口等兒子下課，兒子毫不遮掩地向同學大方介紹父親；就連病榻前也有美好的回憶，「我找了好久，找到一張他很想要的絕版遊戲卡，他每天抱著卡片睡覺，逢人就說，你看，這是我爸爸買的，我爸對我真好……」

劉天富不向命運低頭，他認為兒子也應該如此。由於重病，醫生開了嗎啡止痛，他要求兒子少吃。他要兒子像他一樣，不許軟弱，一軟弱，生命就潰散了，這是他前半生學到的真理。兒子聽了爸爸的話，總是忍到痛不欲生，才哭著向父親說：「我真的好痛，可以吃一顆嗎？」

曾經的堅持卻成了劉天富如今的懊悔：「我後來看資料，有癌症病人痛到去跳樓，他才八歲，竟然這麼懂事，而我卻這樣對他……」沉默一陣，又說：「我希望當時他不要這麼乖，壞一點的話，我現在是不是就不會這麼難過、這麼想他了。」

他終於明白，生命中總會面臨這種別無他法，只能軟弱的時刻：「從小，別人玩跳房子，我腳不方便但還是坐在板凳上跳，別人做什麼，我也拚命去做，我覺得堅持沒有做不到的事。」歷經喪子，他不一樣了：「生命有些事是你怎麼堅持、怎麼用力，都無能為力。」

午餐桌前的肉丸子冒著白煙，劉天富說起兒子，時哭時笑。四十九年前，他的母親提著肉丸子到育幼院看他，也是又哭又

劉天富吃飯、工作、睡覺都在這一方小空間裡完成。（攝影｜賴智揚）

笑。人生實難，快樂與悲傷全隨著淚水與笑容攪在一起了。

二〇一六年十二月二十六日

「笑年公」病重中一直期待病癒時，能再吃到妻子煮的豬腳。（攝影｜陳毅偉）

假裝你還在

——老夫妻還來不及過好日子，只有老公生病時，妻子才驚覺時間不多，要及時行樂。生病初期，一有空他們就到鄰近的魚港，點兩、三樣菜兩人慢慢吃，吃完就回家，這是笑年嬤記憶裡最奢侈的幸福了。

五十三歲的陳素玲因為四十六歲就當阿嬤，所以自稱「笑年嬤」，她的老公張振仙理所當然也就成了「笑年公」，二人都是貨運司機，一人專跑花東，一人跑北高。日子過得不富裕，卻十分滿足：「以前出門，我們都會手牽手。」而她的牽手，去年八月被診斷出食道癌，今年二月過世。

這天午餐，住在桃園龍潭的笑年嬤準備了一鍋豬腳，這是亡夫生前最愛的食物：「住院的時候，他說，等病好了，一定要我煮豬腳給他吃……朋友來看他，也帶了豬腳，可是他一口也吃不下了。」她捧著豬腳招呼我們吃，也向沙發上的笑年公人形立牌說話：「快來吃喔，這是你最愛吃的豬腳。」見人形立牌無回應，她自語了起來：「你不吃喔？好，那我自己吃。」

每天出門、回家，笑年嬤都會跟立牌打招呼，上個禮拜，笑年嬤甚至帶著老公的立牌和女兒環島到小琉球旅行回來，「車子走到蘇花改，我就喊，阿公你要趕上來，不要脫隊喔~」到了景點，她就把立牌貼在手拉車上：「以前，我們是手牽手，現在是我拉你去『七逃』。」

這個立牌是喪禮上的遺照：「彼時要找相片，沒找到適合的，只有這張比YA……這樣也不錯啊，你看他看起來多快樂，笑瞇瞇。」離苦得樂，陳素玲回到桃園的家中，還是把立牌放在沙發上，過去先生病重時沒有體力上樓，就是躺在這L型的沙發上，夜夜照顧他的陳素玲則睡沙發的另一側。

笑年嬤是新北市深澳人，家裡開雜貨店。十九歲那年，她每天都收到一封表弟轉交的情書：「我問這信誰寫的啊？表弟說，就那個阿兵哥啊。哪個阿兵哥？就是每天你一早開門，第一個來買煙的那位啊。」送信又買煙的阿兵哥後來娶了她，「我們結婚是標會，買房子是貸款，嫁給他的第一天就開始負債啊。」

什麼都沒有的小夫妻，先生在工廠當作業員，妻子在家做家庭代工，窮到一個禮拜只有一百元過生活。一對兒女出生，日子更拮据了，先生買了二手貨車南北送貨，八年前，為了貼補家用，笑年嬤也買了一台小貨車專跑花東線送貨。

蘇花公路路況危險，為了討生活，身材嬌小的笑年嬤咬牙硬闖：「我本來也不太敢開，阮尪就說，妳車子都買了，不開怎麼還貸款？」話說得絕情，但每次陳素玲出車，先生會算準每個休息的地點，打電話確認安全：「有一次一趟台東，他打了十二通，接到我都煩了。」

這兩、三年小孩長大了，經濟稍微寬裕，「他跟我說，我們現在不用跑這麼緊了，偶爾邊跑車送貨，可以邊去四處玩，生活能把車貸繳清就好，不用太拚了。」只是，笑年嬤方向感不好，坐在副駕駛座上，總是報錯路，兩人互相生氣。總是笑年公先開口：「妳現在是袂爽喔？」「不爽你是欲安怎？」「這麼假囂，不然現在不要開。」「好啊，不要開，你就給他撞下去啊。」他看妻子一眼，「真的要撞喔？」然後就笑了，過一下子，又問：「待會要去吃什麼啦？」

去年八月，先生決定要買台新貨車，拿到貸款核定的那天下午，老夫妻到醫院看報告，一直胃口不好的笑年公被診斷出是食道癌末期。

一路化療、放射治療，笑年公從六十一公斤掉到三十五公斤，他不願讓妻子擔心，沒說過一句不舒服，只是靜靜躺著。老夫妻還來不及過好日子，只有老公生病時，妻子才驚覺時間不多，要及時行樂。生病初期，一有空他們就到鄰近的魚港，點兩、三樣菜兩人慢慢吃，吃完就回家，這是笑年嬤記憶裡最奢侈的幸福了。

幾個禮拜前，她和女兒看到電視上播小琉球的旅遊節目：「我想到，阿公跟我約好要去一直沒去，就臨時起意，跟女兒帶著這個立牌一起去。」

本名陳素玲的「笑年嬤」提起過世的老公還是忍不住流淚，她最近帶著老公的人形立牌環島旅行，回家後，立牌就放在老公生前睡的沙發上。（攝影｜陳毅偉）

走了一趟回來，笑年嬤說了卻一樁心願，心裡踏實了。「我們以前有說過，不管誰先死，一定要快樂活下去。」先生出殯那天，她出門做了頭髮，還穿了紅外套，別人說，怎麼老公死了，還穿成這樣：「我先生最討厭我穿黑的，我的衣櫥沒有一件黑衫。」

從沒說過愛的男人，在重病的末期，記憶混亂已認不得人了，有天清醒的時刻，他很慎重地對結婚三十三年的妻子說：「謝謝妳這樣照顧我，妳也要好好過下去。」離開近百日了，笑年嬤等不到先生入夢：「他一定是怕我難過，才不讓我夢的。」她每晚仍睡在沙發上，一如當初照顧病重的丈夫，她睡在這頭，而那頭原先丈夫躺的沙發空了，她擺上了他的立牌，彷彿他不曾離去，抬頭就能望見他，沒有入夢也無妨。

二〇一八年四月三十日

吃便當

人生解決不了的煩惱，就一口一口吃掉吧！

作　　者　鄭進耀
責任編輯　劉　璞
責任企劃　劉凱瑛
美術設計　日央設計
內頁排版　蘇怡方
攝　　影　王漢順、宋岱融、吳貞慧、林俊耀、林煒凱、陳毅偉、楊子磊、賴智揚
主　　編　李佩璇
總 編 輯　董成瑜
發 行 人　裴　偉

圖片授權　神樂坂雯麗、李如麟、諶淑婷、U Joy、賈宜秉、潘秀雲、倪瑞宏、盧卡斯（Lucas Paixão）。感謝以上諸位協助，讓本書得以順利出版。

出　　版　**鏡文學股份有限公司**
11070 台北市信義區東興路 45 號 4 樓
電話：02-6633-3500
傳真：02-6633-3544
讀者服務信箱：MF.Publication@mirrorfiction.com
總 經 銷　**大和書報圖書股份有限公司**
242 新北市新莊區五工五路 2 號
電話：02-8900-2588
傳真：02-2299-7900

印　　刷　漾格科技股份有限公司
出版日期　2019 年 2 月 初版一刷
I S B N　978-986-96950-3-9
定　　價　360 元

國家圖書館出版品預行編目 (CIP) 資料

吃便當 / 鄭進耀著 . -- 初版 . -- 台北市 : 鏡文學 ,2019.02
　面；　公分
ISBN 978-986-96950-3-9(平裝)
1. 人生哲學 2. 自我實現　191.9　107023544